O talit

O Talit

Descubra os segredos milenares do manto de oração judaico

CHARLIE KLUGE

Tradução: Giuliana Andrea Niedhardt

Renova

Rio de Janeiro, 2018

Publisher *Omar de Souza*
Gerente editorial *Samuel Coto*
Editor *André Lodos Tangerino*
Assistente editorial *Bruna Gomes*
Copidesque *Mauro Nogueira*
Revisão *Gisele Múfalo*
Francine Souza
Capa *Rafael Brum*
Diagramação *Felipe Marques*

CIP-BRASIL. CATALOGAÇÃO NA FONTE
SINDICATO NACIONAL DOS EDITORES DE LIVROS, RJ

K74t

Kluge, Charlie
O talit : descubra os segredos milenares do manto de oração judaico / Charlie Kluge ; [tradução Giuliana Andrea Niedhardt]. - 1. ed. - Rio de Janeiro : Thomas Nelson Brasil, 2018.
192 p. ; 21 cm.

Tradução de: The tallit
ISBN 978.85.7860.407-3

1. Vida religiosa - Judaísmo. I. Niedhardt, Giuliana Andrea. II. Título.

17-46417 CDD: 296
CDU: 26

Rua da Quitanda, 86, sala 218 — Centro
Rio de Janeiro, RJ — CEP 20091-005
Tel.: (21) 3175-1030
www.thomasnelson.com.br

Sumário

Recomendações para o livro

A mulher com o fluxo de sangue usou o manto de oração como ponto de contato para liberar o sobrenatural. O rabino Kluge revela os mistérios do *talit* para ser seu ponto de contato com o sobrenatural!

—Sid Roth

Apresentador, *It's Supernatural!*

Como cristão judeu e líder do movimento judaico messiânico há mais de 30 anos, meu querido amigo, o rabino Kluge, compartilha uma riqueza de conhecimentos advindos de sua criação, educação e experiência. Este é um livro especial que fornecerá ricas percepções sobre o manto de oração, as quais aprofundarão sua vida de oração e intimidade com Deus.

—Rabino Jonathan Bernis

Presidente e CEO, *Jewish Voice Ministries International*

O rabino messiânico Charles Kluge oferece uma meditação rica e bíblica sobre a beleza e o poder do *talit*, o tradicional manto de oração judaico. Seu coração ficará ávido por uma intimidade mais profunda com Deus após a leitura destas palavras inspiradoras.

—Dr. Michael L. Brown

Autor, *The Real Kosher Jesus* [O verdadeiro Jesus kosher]

O livro do Dr. Kluge ensina-nos sobre um dos objetos mais sagrados do judaísmo, o *talit* (manto de oração). Aprendemos sobre seu significado tradicional e o caminho que ele oferece à presença, à cura, ao amor e ao perdão de Deus, bem como a outros tesouros ocultos. Experimentei em primeira mão o trabalho do importante ministério do Dr. Kluge e recomendo veementemente a leitura deste livro excelente.

—James L. Garlow
Pastor sênior, *Skyline Church*, San Diego, Califórnia
Autor, *Desmascarando o Código da Vinci*,
best-seller pelo *New York Times*

O Dr. Kluge assumiu um grande desafio ao escrever um livro tão profundo sobre o *talit* e sua ligação com as raízes judaicas de nossa fé, tanto para judeus quanto para gentios. Ele explicou, com intensa convicção e paixão, as maravilhas do *talit* e abordou este tema com sensatez e grande sensibilidade. Entendemos que o *talit* é um objeto venerado e respeitado, mas somos levados de volta ao conhecimento de nossa relação segundo o qual todas as coisas estão envoltas pelo amor de Yeshua, o Messias. Este é o livro mais informativo e equilibrado que já li sobre o *talit*.

—Barry Segal
Presidente, *Vision for Israel*

O novo livro do Dr. Kluge, *O talit*, ajuda aqueles que não estão familiarizados com a tradição judaica a apreciar este objeto sagrado que simboliza o relacionamento entre homens consagrados e a Palavra de Deus e que esclarece a fidelidade de Deus para com os indivíduos que reverenciam sua Palavra. O rabino Kluge ajuda-nos a descobrir que certas experiências com Deus estão ocultas ao observador casual. Enquanto ensina sobre as tradições associadas ao uso do *talit*, o rabino Kluge conduz-nos por uma jornada que pode ajudar-nos a experimentar o sobrenatural, produzindo maior intimidade com Deus e sua Palavra.

—Michaelis J. Gonzalez
Gerente geral, *WFGC Television/Christian Television Network*

O *talit*, tão precioso na vida e no ministério da comunidade judaica messiânica, é, em grande parte, um mistério para o corpo não judaico do Messias. Este livro elimina este mistério e fornece esclarecimento e compreensão fascinantes sobre o poder, a presença e a bênção que podem ser descobertos no *talit*. Este livro é leitura obrigatória para todos, sobretudo nós gentios, pois temos a mesma oportunidade de receber as bênçãos de Yeshua por meio do *talit*.

—Dr. Raleigh Washington
Presidente e CEO, *Promise Keepers*

Ao longo dos anos, as pessoas sempre me perguntam: "O que é isso que você está usando?" Elas se referem ao meu *talit*. A partir de agora, poderei responder com a recomendação do livro *O talit: descubra os segredos milenares do manto de oração judaico*, do rabino Charlie Kluge. Esta obra singular une Escritura, tradição, história e narrativa para ajudar a expressar a essência do *talit* de uma forma tão bela quanto a união dos *tsitsit* ajuda a expressar a essência do *Hachem*.

—Rabino Eric Tokajer
Autor e editor, *The Messianic Times* [Tempos messiânicos]

Este livro explica o porquê, o onde, o quando e o como do *talit* tanto da Bíblia quanto da tradição judaica. Ele também contém uma história cuidadosamente entretecida de um homem, com seus desafios e vitórias na vida de fé. Antes um optometrista politicamente motivado, este indivíduo acabou virando presidente da *Messianic Jewish Alliance* [Aliança Judaica Messiânica]. Ao longo de todo o caminho, foi um pacificador e construtor de pontes. Aproveite a leitura!

—Dr. Neil Lash
Presidente, *Jewish Jewels*

Agradecimentos

Com muito apreço e gratidão, gostaria de agradecer a todas as pessoas que trabalharam diligentemente comigo desde o início deste projeto até sua conclusão.

Obrigado à minha esposa absolutamente bela e maravilhosa, Racquel, por seu amor, dedicação, encorajamento e determinação inabaláveis ao me ajudar a cumprir o cronograma.

Obrigado a Joan Bullock, por sua ajuda e sabedoria para que eu pudesse avançar neste projeto.

Obrigado a Steve Strang, por sua obediência ao *Ruach HaKodesh* [Espírito Santo].

Obrigado às minhas editoras, Debbie Marrie e Adrienne Gaines, por sua paciência e seu discernimento do início ao fim. Obrigado também a Ann Mulchan e Althea Thompson, da Charisma House, pela ajuda com este projeto.

Acima de tudo, obrigado ao “Mestre”, *Yeshua HaMashiach*, por dar-me vida, redenção, inspiração divina e amor eterno.

Prefácio

Era final de janeiro de 2015 e nossa congregação estava há cerca de dois ou três dias de encerrar um jejum de três semanas. Eu acreditava que Deus havia colocado em meu coração o desejo de escrever um livro, mas sabia que assumir um projeto desta natureza exigiria uma quantia muito extensa e concentrada de tempo. Será que eu deveria começar a escrever ou não? "Ah, Senhor", orei, "se esta ideia, de que chegou o momento de escrever um livro, vier mesmo de ti, preciso de um sinal."

Mais ou menos três dias depois recebi um telefonema de Steve Strang, um amigo e editor da Charisma House. Ele me disse que queria fazer uma pergunta estranha. Respondi: "OK, vá em frente." Ele, então, disse que, cerca de dois ou três dias antes, Deus colocara meu nome em sua mente e em seu coração, e ele queria discutir um projeto de livro comigo.

Essa conversa foi o início do livro que você tem em suas mãos agora. Creio que a mão de Deus esteve sobre este projeto do início ao fim, e acredito que o propósito dele seja usá-lo de modo a aprofundar sua caminhada espiritual, leitor, à medida que você entende o tesouro representado pelo *talit*. Este livro é uma resposta sobrenatural a uma oração, e minha oração para você agora é que Deus use o que está escrito nestas páginas para aproximá-lo de si e falar ao seu coração.

Introdução

Era um belo dia de verão no início de agosto de 1963. Eu tinha quase 14 anos e estava sentado na escada do alpendre de meu chalé no acampamento Delmont. O acampamento de oito semanas acontecia em Livingston Manor, Nova York, uma linda cidadezinha nas montanhas Catskill. Enquanto estava sentado ali com meus amigos, os quais já haviam completado 14 anos, nós começamos a falar sobre como éramos privilegiados. Estávamos no topo do mundo porque tudo o que tínhamos era "o melhor". Vivíamos no estado de Nova York, que era o melhor estado. Vivíamos na cidade de Nova York, que era a melhor cidade. Vivíamos no Queens, que era o melhor distrito. Eu vivia em Bayside, que era a melhor parte do Queens. Era torcedor do Yankees, que era o melhor time, com os melhores jogadores.

Aquele foi meu sexto acampamento em Delmont e, depois, participei por mais três anos, mas, por algum motivo, eu sempre me lembrei daquela conversa com meus amigos em 1963. Esta foi uma das razões por que comecei a buscar o sentido da vida quando estava na faculdade. Eu queria ter "a melhor" vida possível e sentia que Deus deveria, de alguma forma, fazer parte dela. Em seu tempo perfeito, Deus usou essa jornada para se revelar a mim. Desde então, ao longo de minha busca pela compreensão dos mistérios de Deus, ele revelou vários tesouros ocultos que nos ajudam a conhecê-lo mais intimamente aqui na terra. Um desses tesouros é o *talit* (טלית).

Embora o *talit* seja uma vestimenta física utilizada em muitas tradições judaicas ao longo do ciclo de vida dos judeus, ele também tem uma rica dimensão espiritual. Neste livro, estudaremos esses significados espirituais do manto de oração judaico. O *talit* nos lembra da presença, do poder, da proteção, do abrigo, da cura e do amor de Deus. Nele, vemos também o cumprimento das revelações proféticas posteriores de Moisés e dos profetas hebraicos.

O mais importante é que, nestas páginas, descobriremos como o *talit* aponta para o Messias de Israel: *Yeshua Mishikeinu* [Jesus, nosso Messias]. Ele é a pessoa de quem *Moshe Rabbeinu* [Moisés, nosso Mestre] falou: "*Adonai*, o seu Deus, levantará do meio de seus próprios irmãos um profeta como eu; ouçam-no" (Deuteronômio 18:15). Por causa de *Yeshua*, os judeus e os gentios tornaram-se "um novo homem", o que significa que o *talit* pode ser usado por qualquer um que decida seguir a Palavra de Deus. Portanto, devemos ouvir as palavras tanto de *Moshe Rabbeinu* quanto de *Yeshua Rabbeinu* [Jesus, nosso Mestre]. É *Yeshua*, "o Mestre", que coloca dentro de nós, em nossas *kishkes* ["entranhas"], a revelação desses tesouros ocultos.

Foi isso o que aconteceu comigo. Ganhei meu primeiro *talit* há quase 30 anos, em meu *bar-mitzvá*. Porém, foi somente quando aceitei *Yeshua* como meu Messias que descobri a verdadeira intimidade que podemos ter com Deus quando nos colocamos sob o *talit* em oração. Por toda a minha vida, Deus estivera deixando o que chamo de "recados de amor" para mim, mas eu não os entendi até decidir seguir seu caminho. Fui criado para respeitar e honrar a *Hashem* [Deus, o nome] e, quando tinha apenas cinco anos, meu pai me ensinou a orar o *Shemá* (o qual começa assim: "Ouve, ó Israel: o Senhor é nosso Deus, o Senhor é único") todas as noites antes de dormir. No entanto, "Jesus" não era um nome que pronunciávamos em casa.

A despeito de minha criação judaica praticante, vi-me ansiando por conhecer Deus intimamente e entender o propósito de nossa existência. Na faculdade, explorei diferentes crenças, mas nenhuma satisfez meus anseios. Depois de me formar, tornei-me um ocupado optometrista pediátrico, mas continuei buscando. Felizmente, Deus me conduziu a amigos que não apenas oravam por mim, mas também me mostravam como era ter um relacionamento com o Messias. Por fim, eu e minha esposa, Racquel, aceitamos *Yeshua* não como *um* Messias ou *um* Cordeiro de Deus, mas como *o* Messias, *o* Cordeiro de Deus.

Conhecer *Yeshua* virou nossa vida de cabeça para baixo. Desenvolvi um apetite insaciável pela compreensão de sua Palavra. Estudei comentários rabínicos e cristãos, bem como os escritos judaicos da Antiguidade, os quais me convenceram ainda mais de que *Yeshua* era verdadeiramente o Messias. Por causa de minha paixão por Deus e sua Palavra, abandonei a medicina para me dedicar ao ministério. Em pouco tempo, Deus abriu as portas para que eu me tornasse um rabino messiânico e liderasse uma congregação de crentes em *Yeshua*, algo que faço até hoje. (Para ler meu testemunho completo, por favor consulte o apêndice.)

Entender o coração de *Yeshua* lançou uma nova luz sobre o propósito e o significado espiritual do *talit*. Na cultura judaica, ele é utilizado em todos os grandes marcos da vida e representa uma jornada do nascimento à morte. Todavia, quando meus olhos espirituais foram abertos para o Messias, passei a ver como *Yeshua* se revelou por meio do *talit* e por que o conhecimento de seu simbolismo ajuda muitos a se aproximar dele. Este é meu propósito ao escrever este livro – compartilhar com você os tesouros espirituais ocultos no manto de oração judaico. E tendo em vista que desejo deixar esta informação o mais acessível que puder, incluí um glossário ao final do livro para definir as muitas palavras hebraicas que emprego. Minha oração é que a compreensão desses mistérios o ajude a aprofundar sua intimidade com *Hashem* e a entender mais completamente o amor que Deus tem por nós, seus filhos.

Tendo dito isso, quero fazer um alerta. O *talit* é um objeto sagrado dado a nós por Deus, e mostramos honra e respeito a ele na maneira como o usamos. Contudo, nada há de místico ou cabalístico no *talit*. Ele não deve ser considerado uma prescrição para a santidade e a retidão nem algo utilizado para operar milagres, sinais e maravilhas. Essas coisas podem ocorrer somente como consequência direta da perfeita vontade de Deus.

No entanto, o *talit* pode ajudar-nos a experimentar o sobrenatural levando-nos a uma intimidade mais profunda com Deus e sua Palavra. O *tsitsit* costurado em cada um dos quatro cantos da veste nos lembra a Palavra de Deus, e, quando nos colocamos sob o *talit* em oração, somos capazes de bloquear distrações e nos concentrar em *Hashem* [Deus, o Nome]. É por isso que, ao longo dos últimos 3.500 anos, grandes servos do Senhor que seguiram os ensinamentos de *Moshe Rabbeinu* e/ou de *Yeshua Mishikeinu* vivenciaram milagres enquanto estavam envoltos pelo *talit*.

Milagres ainda acontecem enquanto buscamos *Hashem* sob o *talit*. Creio que, ao ler sobre os mistérios do manto de oração, *Adonai* lhe dará "os tesouros das trevas, riquezas armazenadas em locais secretos" (Isaías 45:3) para que você se torne verdadeiramente íntimo com o Pastor de Israel e, em sua presença sob o *talit*, receba bênçãos de cura, amor e perdão.

Capítulo 1

MISTÉRIO DO *TALIT*

Cada vez mais, ao viajar para falar em igrejas, conheço pessoas que tentam compreender as raízes judaicas da fé cristã. Elas tocam o *shofar*, recitam o *shemá* e usam um *talit* durante a oração. Na sinagoga que lidero, deixamos *talitot* (a forma plural de *talit*) à disposição para os visitantes durante o culto, e muitos ficam ansiosos por vesti-los. Colocar-se sob o *talit* muitas vezes ajuda o indivíduo a buscar *Yeshua* sem distrações e a comungar com o *Ruach HaKodesh* [Espírito Santo] de uma forma completamente nova. Ouvi muitas pessoas dizerem que usar um *talit* durante a oração as ajudou a aprofundar sua intimidade com *Hashem*. O *talit* não tem poder especial em si, mas ele nos lembra de Deus e de sua Palavra, nos quais encontramos todo o poder.

Experimentamos isso vividamente em um culto recente em minha congregação, a *Gesher Shalom*. Era sábado à noite e estávamos reunidos para o *Erev Shavuot* (noite de *Shavuot*, conhecida como festa das semanas ou Pentecostes). O *Shavuot* ocorre no sexto dia do mês hebraico de *Sivan*, que cai entre meados de maio e meados de junho, e celebra o dia em que Deus revelou a Torá à nação de Israel no monte Sinai.

O culto começou com mais de uma hora de oração, durante a qual saudamos a presença de *Adonai* e o derramamento de seu *Ruach HaKodesh*. Após o momento de oração, lemos as

Escrituras, e eu pronunciei um breve *d'rash*, ou sermão, mas o Espírito Santo estava se movendo de tal maneira, que passamos a maior parte da noite louvando, adorando, dançando e orando. O culto durou cerca de seis horas e meia e poderia ter se estendido ainda mais.

Durante aquele tempo, sentimos a presença do *Ruach* de forma extremamente poderosa. Senti um impulso para chamar aqueles que desejavam consagrar novamente a vida ao Mestre, *Yeshua HaMashiach*, a vir à frente e colocar-se sob o *talit*. Mais de cem pessoas responderam ao chamado. Nós oramos, entre outras coisas, pedindo revelações mais profundas de sua Palavra, descobertas e proteção especial para os familiares.

Uma mulher que veio à frente orou pedindo proteção a seu filho. Mal sabíamos que ele e seus amigos haviam decidido visitar a boate *Pulse* no centro de Orlando, Flórida, mas, assim que entrou, sentiu que deveria ir embora e então ele foi. Mais tarde naquela noite, um atirador entrou na boate e abriu fogo, matando 49 pessoas e ferindo outras dezenas.

Após receber oração sob o *talit* naquela noite, um menino de sete anos desatou a chorar por um longo tempo. O *Ruach* caiu sobre ele de uma forma tão poderosa, que o jovem pôde entregar suas dores ao Senhor. Um garoto de 14 anos que também se colocou sob o *talit* perguntou à mãe: "Que sentimento diferente é esse que estou tendo?" Ela explicou que era o transbordar do *Ruach HaKodesh*, e, depois daquela noite, o desejo dele de servir a *Yeshua* se intensificou. Uma mulher que havia sentido dor por vários anos, e não conseguia permanecer sentada por mais de cinco minutos, disse-me que conseguiu sentar-se por mais de duas horas naquela noite sem dor alguma.

As descobertas e os testemunhos daquela reunião de oração ainda estão vindo à tona. A oração sob o *talit* pode ocasionar resultados poderosos quando o *dunamis* [dinamite] de Deus está presente! Quando nos colocamos sob o *talit* naquela noite, fomos lembrados da santidade de Deus, de sua palavra e de seu poder e provamos sua presença de modo dinâmico. Então, se orar sob o *talit* pode ter este tipo de impacto, você talvez esteja se perguntando: "O que é exatamente um *talit* e o que o torna tão especial?"

O *talit* é o manto de oração judaico. Ele é retangular, geralmente de cor branca com listras azuis ou pretas e tem franjas em cada um dos quatro cantos, chamadas de *tsitsit*. O *talit* pode ser grande (*talit gadol*), cobrindo todo o corpo da pessoa, ou pequeno (*talit katan*). Porém, deve ser longo o suficiente para ser usado sobre os ombros como um manto, não apenas ao redor do pescoço como um cachecol. Os homens costumam usar um *talit katan* debaixo da camisa com as *tsitsit* penduradas para fora, para que possam olhar para elas ao longo do dia e lembrar dos mandamentos de Deus. Aqueles que utilizam o *talit gadol* geralmente mantêm-no sobre os ombros, mas, nos momentos de oração, usam-no para cobrir a cabeça.

Tradicionalmente, somente os homens usavam o manto de oração, pois a lei judaica não obrigava mulheres a usá-lo, e a Torá as desencoraja a vestir roupas masculinas. Agora, porém, há muitas cores e estilos femininos disponíveis, de forma que tanto homens quanto mulheres usam *talitot*. Embora as listras no *talit* sejam geralmente azul-marinho ou pretas, elas podem ser de qualquer cor do arco-íris. O *talit* é classicamente feito de lã, algodão ou seda, mas pode ser feito de qualquer material, desde que a proibição de combinar linho e lã seja observada.

Como mencionei anteriormente, o *talit* é usado em todos os grandes ciclos da vida do judeu – desde a circuncisão, o bar/*bat-mitzvá*, o casamento e até a morte. Contudo, é mais frequentemente utilizado na oração. Os *talitot* costumam ser usados nos cultos de *Shabbat* pela manhã e durante as orações matinais. Uma exceção é o *Kol Nidre*, culto vespertino realizado na véspera do *Yom Kippur* [dia de expiação], durante o qual o *talit* também é utilizado.

O *Yom Kippur* é considerado o dia mais sagrado do ano judaico, um sábado dos sábados observado no décimo dia do mês hebraico de *tishri*, que cai em setembro ou início de outubro. Todo o trabalho é suspenso, e os participantes jejuam por 25 horas, começando antes do pôr do sol do dia anterior ao *Yom Kippur* e terminando após o anoitecer no *Yom Kippur*. É um momento em que nós "afligimos a alma" e reparamos os pecados cometidos e as promessas não cumpridas, tanto em relação a Deus quanto uns aos outros.

O *talit* é usado durante o primeiro culto vespertino do *Yom Kippur*, o *Kol Nidre*, que tradicionalmente começa antes do pôr do sol. Isso é significativo porque, segundo a tradição judaica, o *talit* deve ser usado apenas durante o dia, pois o propósito do *talit* é fazer os judeus verem a *tsitsit* e se lembrarem dos mandamentos de Deus, ou de sua Palavra; nos tempos antigos, as pessoas não conseguiam ver a *tsitsit* à noite, quando estava escuro. Tradicionalmente, o *talit* continua não sendo usado durante o culto vespertino, com esta única exceção. No entanto, como crentes em *Yeshua*, acredito que devemos ser conduzidos pela Palavra de Deus e pelo Espírito de Deus, sem colocar a lei rabínica ou a tradição judaica acima deles. Portanto, eu incentivo minha congregação a colocar o *talit* conforme a orientação do *Ruach HaKodesh*. Nós o usamos durante os cultos vespertinos e temos visto Deus se mover poderosamente enquanto o buscamos em oração sob o *talit*.

ORIGENS DO *TALIT*

O uso do *talit* começa na Torá. Lemos, no décimo quinto capítulo do livro de *Bamidbar* [Números]:

> ADONAI disse a Moisés: "Diga o seguinte aos *Bnei-Yisrael* [filhos de Israel]: Façam *tsitsit* [borlas, תיציצ] nas extremidades das suas roupas e ponham um cordão azul em cada uma delas; façam isso por todas as suas gerações. Quando virem essas *tsitsit*, vocês se lembrarão de todos os *mitzvoth* [mandamentos] de ADONAI, para que lhes obedeçam e não se prostituam nem sigam as inclinações do seu coração e dos seus olhos. Assim vocês se lembrarão de obedecer a todos os meus *mitzvot*, e para o seu Deus vocês serão um povo consagrado. Eu sou ADONAI, o seu Deus, que os trouxe do Egito para ser o Deus de vocês. Eu sou ADONAI, o seu Deus".
>
> — Números 15:37-41

Na Antiguidade, as pessoas na maioria das culturas usavam um tipo de roupa em formato de manta para se proteger do sol durante o dia e do ar frio à noite. Assim, a ordem em Números 15 não era para que o povo judeu começasse a usar este tipo de traje, mas para que acrescentasse a *tsitsit* às quatro pontas dele, algo que os distinguiria das outras nações. Ainda hoje os beduínos usam abaias, que podem assemelhar-se ao *talit* sem a *tsitsit*.

No entanto, o propósito de Deus ao ordenar que seu povo adicionasse *tsitsit* às roupas não era simplesmente de diferenciá-lo dos outros povos. Conforme diz a Torá, era de lembrá-lo constantemente dos mandamentos de Deus. Deus havia feito uma aliança com seu povo e prometera abençoá-lo se fosse fiel a sua Palavra. As consequências da desobediência eram severas, chegando a ser até mesmo a morte em alguns casos (veja Deuteronômio 28). O desejo de Deus era que, ao usar o *talit* com a *tsitsit*, o povo judeu fosse constantemente lembrado de sua Palavra. E, ao andar em obediência aos seus mandamentos, o povo experimentaria bênçãos contínuas. Esse ainda é o desejo de *Hashem* para nós – que experimentemos sua bênção ao obedecer sua Palavra e sua voz.

Assim que a lei relativa ao *talit* iniciou-se, ele era usado no dia a dia de modo muito semelhante a uma capa, não apenas em momentos de oração. Porém, com o tempo, tornou-se uma veste mais religiosa, e, na época do Novo Testamento, o *talit* era usado principalmente em ocasiões especiais. Os fariseus pareciam usar o *talit* o tempo todo, mas, muitas vezes, era apenas como exibição. Eles usavam franjas demasiadamente longas para provar sua devoção, uma prática que *Yeshua* condenava.

> E, quando vocês orarem, não sejam como os hipócritas. Eles gostam de ficar orando em pé nas sinagogas e nas esquinas, a fim de serem vistos pelos outros. Eu asseguro que eles já receberam sua plena recompensa. Mas, quando você orar, vá para seu quarto, feche a porta e ore a seu Pai, que está em secreto. Então seu Pai, que vê em secreto, o recompensará.
>
> — Mateus 6:5-6

Hashem nunca nos mandaria usar o *talit* para parecermos justos ou santos. O *talit* deve sempre ser usado em humildade para trazer honra a *Hashem* e nos lembrar de sua Palavra a nós, seus filhos.

PARTES DO *TALIT*

Neste livro, descobriremos a simbologia espiritual encoberta no *talit*. Primeiro, contudo, eu gostaria de explicar o significado de cada parte do manto de oração.

Tsitsit

Como já vimos, a finalidade do *talit* era sustentar as *tsitsiot*, ou franjas, as quais lembravam os mandamentos de Deus ao povo. As *tsitsiot* tinham de ser amarradas em cada um dos quatro cantos do manto; assim, quando olhassem para o *talit*, especificamente a *tsitsit*, eles se lembrariam dos mandamentos de Deus. Hoje em dia existem camisetas nas quais a *tsitsit* pode ser amarrada em cada um dos quatro cantos, ilustrando que a *tsitsit* é o mais importante.

Tekhelet

Tradicionalmente, em cada *tsitsit*, há um cordão azul chamado *tekhelet*. Segundo alguns, o *tekhelet* azul tem a finalidade de nos lembrar da criação de Deus, do oceano, do céu, das tábuas nas quais os dez mandamentos foram escritos e do trono de glória. Ele também pode nos lembrar de que a Palavra de Deus vem de cima, e que seu povo deve refletir seu reino celestial na terra.

O azul específico utilizado no *tekhelet* costumava ser muito difícil de ser adquirido e, portanto, era usado em vestimentas especiais. Durante a Antiguidade, ele derivava de um tipo de caracol encontrado perto do mar Egeu, e eram necessários milhares de caracóis para a extração de uma pequena quantidade de corante. Considera-se que, após a destruição do segundo templo, o conhecimento da verdadeira fonte do corante tenha sido perdida. Por esta razão, agora é comum que a *tsitsit* tenha apenas franjas brancas. Acredita-se que algumas espécies que contêm o corante tenham sido encontradas, mas isto não é mundialmente aceito.

Há lugares em Israel hoje onde se pode adquirir a *tsitsit* com o *tekhelet*. Elas podem ser amarradas nos quatro cantos de uma roupa para transformá-la em um *talit*. Durante um dos passeios por Israel em que eu e minha esposa, Racquel, organizamos em conjunto com outros dois rabinos há mais de 20 anos, encontramos um lojista israelita que vendia a *tsitsit* com o *tekhelet*. Comprei dele um *talit gadol* e um *talit katan* e os uso até hoje. Há também muitos sites que vendem *talitot*, alguns dos quais incluem o *tekhelet*.*

ATARA

O *talit* tem um colarinho bordado chamado *atara*. O objetivo principal do *atara* é ajudar a distinguir o interior do exterior do *talit* e assegurar que a peça não seja colocada de cabeça para baixo. O *atara* também contém a bênção que deve ser recitada quando se coloca o *talit* sobre os ombros.

COMO AMARRAR A *TSITSIT*

Amarrar a *tsitsit* é uma quase que uma arte, semelhante ao macramê. De acordo com o *halachá*, que é o estilo rabínico, ou "o conjunto de leis judaicas que suplementa a lei bíblica e forma a parte legal do Talmude",[1] a *tsitsit* é feita dando-se um nó trançado com quatro fios entrelaçados nos quatro cantos da vestimenta, a qual deve ter quatro cantos angulares ou mais. O *halachá* determinou que os fios da *tsitsit* devem ser passados por um orifício em cada uma das extremidades da peça e, então, multiplicados por dois a fim de produzir oito fios (um dos quais é maior

* Para saber mais sobre como adquirir um *talit*, visite nosso site: www.gesherinternational.com.

do que os outros e é chamado de *shamash*). Os fios devem, então, ser amarrados com um nó duplo bem apertado.[2]

Em seguida, o *shamash* é enrolado em torno dos outros fios, e nós adicionais são feitos. Há diversos costumes para enrolar o fio e dar o nó, mas os dois mais comuns são de quatro grupos de sete, oito, onze e treze *ou* cinco, seis, cinco e dez voltas com nós entre elas e outro nó ao final de tudo. No total, há cinco nós na *tsitsit*.[3]

Pensa-se que o estilo de voltas em número cinco, seis, cinco e dez representa a quinta, a sexta, a quinta e a décima letra do alfabeto hebraico. Elas seriam *yod*, *hey*, *vav*, *hey*, conforme as lemos da direita para a esquerda: יהוה. Juntas, essas letras significam "*Adonai*" ou "Senhor". Assim, a *tsitsit* representa *Hashem*. Alguns também dizem que as franjas soltas representam a emancipação israelita do Egito.

COMO VESTIR O *TALIT*

Para vestir o *talit*, muitos o desdobram primeiro e o seguram com ambas as mãos de modo a deixar o *atara* a sua frente. Em seguida, recitam a bênção:

> *Baruch Atah Adonai, Eloheinu, melech ha'olam asher kidishanu b'mitz'votav v'tzivanu l'hit'ateif batzitzit.* [Bendito és tu, Senhor, nosso Deus, Rei do universo, que nos santificou por teus mandamentos e ordenou que nos envolvêssemos na *tsitsit*.]

Após recitar a bênção, a pessoa joga o *talit* sobre os ombros como uma capa e posiciona-o ali. Antes de ajeitar o *talit* sobre os ombros, alguns unem as mãos à frente do rosto brevemente e cobrem a cabeça com o *talit* para um momento de meditação particular. Então, ajustam o *talit* confortavelmente sobre os ombros. Acho bom conhecer a maneira correta de vestir o *talit*, mas eu sempre incentivo as pessoas a manter o foco em Deus, não no ritual. Concentrar-nos no ritual pode nos impedir de entrar na presença de Deus.

O *talit* fica geralmente dobrado ou enrolado ao redor dos ombros até a hora da oração. Então, a pessoa cobre a cabeça com ele. Cobrir a cabeça com o *talit* simboliza o ato de chamar Deus e dizer-lhe que desejamos passar um tempo de intimidade com ele. O *talit* é usado durante a maior parte dos cultos de oração judaicos, e algumas pessoas mantêm a cabeça coberta por toda a parte litúrgica. É comum para muitos homens e mulheres usar *talitot* para oração individual em seus próprios locais pessoais de oração.

Em nossa congregação, também usamos o *talit* enquanto oramos pelas crianças. Dispomos três ou quatro *talitot* como uma grande *chupá* [cobertura] e colocamos as crianças ali embaixo enquanto proferimos a bênção aarônica sobre elas. Outros na congregação que precisam de um toque especial de *Yeshua* também podem vir debaixo do *talit* para receber esta bênção singular de Números 6:24-26, que diz: "O SENHOR te abençoe e te guarde; o SENHOR faça resplandecer o seu rosto sobre ti e te conceda graça; o SENHOR volte para ti o seu rosto e te dê paz."

Alguns afirmam que os cristãos não devem usar o manto de oração porque as leis relativas ao *talit* foram dadas ao povo judeu na Torá. Embora seja verdade que os crentes em *Yeshua* não são obrigados a usar o *talit*, pois *Yeshua* se fez ponte para unir os judeus e os não judeus em si como um novo homem, qualquer um que decida obedecer à Palavra de Deus pode usar o *talit*. Como consequência, muitos crentes em *Yeshua* que não nasceram judeus vivenciaram momentos muito especiais de oração sob o *talit*.

VESTE SAGRADA

Há muitos detalhes na forma de fazer e vestir um *talit* porque ele é considerado um objeto sagrado. Ele representa *Yeshua*, sua Palavra e sua proteção, e deve sempre ser usado com honra, amor e respeito pelo *Hashem*.

Certo *Shabbat* pela manhã, enquanto eu me preparava para entrar no santuário e dar início ao culto, olhei pela janela e acompanhei um homem dirigindo em direção à sinagoga, procurando um local para estacionar e caminhando em direção ao templo. Ele cordialmente se apresentou como rabino, e eu disse que era um prazer conhecê-lo. Porém, em seguida, perguntei: "O senhor é mesmo rabino?" Ele pareceu um pouco surpreso e questionou o porquê da dúvida. Respondi dizendo que a maioria dos rabinos sabe que não se dirige, especialmente no *Shabbat*, muito menos com o *talit* por cima da vestimenta arrastando a *tsitsit* pelo asfalto a caminho da sinagoga.

No fim da história, o homem não era judeu, muito menos rabino, mas estava interessado em aprender mais sobre o manto vestido pelo Mestre judeu, *Yeshua*. Disse a ele que poderíamos marcar um encontro e que ficaria feliz em ensiná-lo sobre o *talit*.

Em outra ocasião, participei de uma reunião certo dia da semana à noite. Ali um convidado especial trouxe a palavra e houve um grande período de louvor e adoração. As pessoas se regozijavam e se sentiam livres para adorar de diversas maneiras. Um dos comportamentos pareceu-me estranho, mas sou aberto a qualquer coisa que *Hashem* deseje fazer por intermédio de seu *Ruach* [Espírito]. Um homem no meio do salão estava usando um grande *talit*. Infelizmente, a maior parte dele estava no chão, não nas costas dele. Aquilo realmente me incomodou, mas decidi cuidar da minha própria vida.

Conforme o culto continuou, percebi que as pessoas estavam pisando em seu *talit* enquanto se apressavam para a frente do santuário, onde aconteceria um ministério especial de oração. Ao ver o *talit* se tornar praticamente um tapete, sendo pisado a todo momento, decidi aproximar-me e dizer algo ao jovem, mas ele se perdeu na multidão. Tenho certeza de que ele não o fez por mal, mas objetos sagrados devem ser usados com respeito ao Santo de Israel.

Durante os cultos semanais de *Shabbat*, temos uma marcha da Torá. Todos os que se encontram em condições se colocam em pé enquanto a Torá é carregada ao redor do santuário. Embora a congregação de uma sinagoga messiânica seja composta por judeus de nascença ou não (somos todos um no Messias), a maioria dos homens e algumas mulheres costuma usar *talitot* neste momento do culto. Quando a Torá passa, cada pessoa da congregação que está usando um *talit* toca a Torá com a *tsitsit*, levando-a em seguida à boca para beijá-la.

Alguns visitantes na congregação não têm vontade de levantar e participar, muito embora forneçamos *talitot* para aqueles que precisem (incluindo modelos femininos para as mulheres). Eles acreditam que estamos praticando um ritual inútil que nos escraviza. Porém, estão muito errados! A *tsitsit* representa os mandamentos, ou a Palavra de Deus, e *Yeshua* é a Palavra viva (João 1:14). Assim, do ponto de vista espiritual, quando tocamos a *tsitsit* com os lábios, estamos beijando o Mestre e sendo beijados por ele, conforme diz a Escritura: "Ah, se ele me beijasse, se a sua boca me cobrisse de beijos... Sim, as suas carícias são mais agradáveis que o vinho" (Cânticos 1:2). Beijar a *tsitsit* simboliza o amor de *Ruach* nos tocando e se unindo a nosso espírito. É isso que acontece, não só quando beijamos a *tsitsit* durante o culto, mas também quando o *talit* é envolto em nós.

FONTE DE PROTEÇÃO

O *talit* nos lembra a Palavra de Deus, e *Hashem* nos dá sua Palavra a fim de nos proibir de buscar as concupiscências da carne. Ele o fez porque nos ama. Ele sabe que o desejo carnal de retornar à natureza caída pode fazer com que nos afastemos de um relacionamento íntimo com *Yeshua*.

Certa vez, conheci um homem na liderança que sempre vestia seu *talit katan* com a *tsitsit* à mostra. Um dia, percebi que ele não o estava usando. Quando perguntei o motivo, ele disse que simplesmente não queria mais usá-lo. Achei estranha a resposta dele, mas aceitei. Algumas semanas mais tarde, descobri que ele havia sido pego tendo um caso. Foi triste, mas percebi que é difícil ser seduzido ao pecado enquanto se está usando um *talit*. Vestir o *talit katan* nos lembra da santidade de Deus e que não devemos ceder aos desejos da carne. Ceder a esses prazeres passageiros é uma forma de idolatria porque estamos colocando a gratificação temporária à frente do relacionamento com *Hashem*.

Além de nos lembrar da santidade de Deus e nos resguardar de pecados, o *talit* também serve como proteção literal para determinados objetos sagrados. No judaísmo, a Torá é considerada o livro mais sagrado de todos por ser a base de todas as Escrituras, e o *talit* é usado para proteger seus rolos durante o transporte. O *talit* também protege outros objetos sagrados quando estes ficam gastos ou inutilizáveis. *Talitot* antigos, que não podem mais ser vestidos, são doados para a sinagoga ou para bibliotecas judaicas. Então, são aproveitados para embalar documentos desgastados ou excedentes, tais como fotocópias que contêm o nome *YHVH* (יהוה) ou *Adonai* (אדני) – o nome sagrado de Deus em hebraico –, os quais são enterrados com dignidade em um *genizah*, parte de um cemitério judaico separado para este propósito específico.

O Mestre disse: “Vocês são o sal da terra. Mas, se o sal perder o seu sabor, como restaurá-lo? Não servirá para nada, exceto para ser jogado fora e pisado pelos homens” (Mateus 5:13). Da mesma maneira, o objeto sagrado que perde a santidade é considerado inútil. Os objetos sagrados antigos que contêm o nome de Deus ou que foram utilizados para eventos sagrados e que agora estão rasgados ou desgastados devem ser tratados com respeito. Consequentemente, o *talit* deve ser enrolado em volta do objeto sagrado e enterrado com ele, e uma *tsitsit* deve ser cortada, para torná-lo inválido para ser usado em oração. A prática de cortar um dos cantos do *talit* também é seguida quando um *talit* é enterrado com alguém.

TALIT NOS CICLOS DA VIDA

Para o judeu, o *talit* simboliza sua identidade judaica porque é utilizado em todos os principais ciclos da vida, desde o nascimento até o sepultamento. *Yeshua*, o Mestre, está conosco desde o começo da vida – desde o momento da concepção – até o último dia e, depois, por toda a eternidade para aqueles que escolhem recebê-lo. O uso do *talit* em cada um desses ciclos reflete a presença de Deus conosco ao longo da vida. É um lembrete de que ele está conosco e nunca nos deixará nem nos abandonará (Deuteronômio 31:6). Se não o experimentamos é porque não estamos procurando seus recados de amor!

TALIT NO NASCIMENTO

Oito dias após o nascimento de um menino, ele é circuncidado. Durante a *bris* (também chamada de *brit milá*), ou circuncisão, o pai envolve o bebê em seu *talit* por alguns instantes e ora por ele. Ao fazê-lo, está simbolicamente envolvendo o bebê na Palavra de Deus e no *Hashem*. Durante a cerimônia, o pai, o *sandek* (ou padrinho, aquele cuja função é segurar a criança no colo durante as bênçãos; ele e a madrinha devem cuidar do afilhado e guiá-lo à maturidade) e o *mohel* (aquele que realiza a circuncisão) vestem *talitot*. Assim, o uso do *talit* é, mais uma vez, um lembrete da presença magnífica do Deus altíssimo! Para as meninas, há uma cerimônia de dedicação do nome que acontece oito dias após o nascimento.

Talit no *bar/bat-mitzvá*

O *talit* é utilizado novamente no *bar* ou *bat-mitzvá*. Esse é o momento em que o(a) jovem passa a ser considerado(a) maior de idade. Ele ou ela é apresentado(a) com um *talit* e, durante a cerimônia, lê uma porção da Torá, a *haftará*, e possivelmente a *B'rit Chadashá* caso a família tenha aceito *Yeshua* como Messias. O tema dessa leitura pública é a mesma em cada porção. O novo adulto agora assume a responsabilidade de seguir a Palavra de Deus, tornando-se um(a) filho(a) dos mandamentos. A criança passa a ser responsável por suas palavras e ações na comunidade. Ela agora pode usar seu novo *talit* na sinagoga e em outros eventos que o exijam. Uma vez mais, tudo é feito para reconhecer a presença de *Yeshua* em nossa vida.

Talit no casamento

O *talit* é utilizado também no casamento. Ele é colocado sobre colunas de modo a formar uma cobertura, chamada *chupá*. O homem e a mulher, então, unem-se sob a *chupá* de Deus.

O casamento é uma instituição criada por *Hashem* antes de o pecado existir no jardim do Éden (*Gan Eden*). "*Adonai Elohim* fez o homem cair em profundo sono e, enquanto este dormia, tirou-lhe uma das costelas, fechando o lugar com carne. Com a costela que havia tirado do homem, *Adonai Elohim* fez uma mulher e a levou até ele. Disse então o homem: "Esta, sim, é osso dos meus ossos e carne da minha carne! Ela será chamada mulher, porque do homem foi tirada." Por essa razão, o homem deixará pai e mãe e se unirá a sua mulher, e eles se tornarão uma só carne [*basar echad*] (Gênesis 2:21-24). Conforme *Yeshua* disse, "Portanto, o que Deus uniu, ninguém o separe" (Marcos 10:9).

O casamento representa a completude da imagem de Deus. Ele representa a unicidade, o *basar echad*, a combinação única resultante da união de homem e mulher. Consequentemente, o casamento reflete nossa caminhada com o Messias. Debaixo do *talit*, homem e mulher se unem em casamento. Não se trata mais dele ou dela; trata-se dos dois como casal. No casamento, o egoísmo não é mais uma opção. Devemos amar nosso cônjuge como *Yeshua* nos ama. O Mestre diz: "Nada façam por ambição egoísta ou por vaidade, mas humildemente considerem os outros superiores a vocês mesmos" (Filipenses 2:3).

Enquanto está sob o *talit* na cerimônia de casamento, o casal é unido a *Hashem* como um cordão de três fios. Sua presença está no meio dos noivos. O casamento inicia uma nova criação conforme instituída por nosso Criador. O casal adentra o local sob o *talit* como indivíduos e deixam-no com uma nova "unicidade", refletida na unidade de Deus. A vontade poderosa dele coloca-se no centro dessa nova criação, e o casal compreende que ela é quem deve liderar e conduzir os dois por toda a vida.

Talit na morte e no sepultamento

o *talit*, assim como em outros ciclos da vida, é utilizado na morte. Aqueles que possuem um *talit* que passou de geração a geração ou que é especial talvez queiram ser enterrados com ele. O *talit* não significa morte. Ele resume a vida na presença de Deus e a cobertura de sua poderosa Palavra. Ele expressa a mensagem de arrependimento, ressurreição e vida eterna de *Yeshua*. A morte não é o fim. Ela é o começo de uma eternidade inimaginável para aqueles que conhecem o Messias.

Quando um *talit* é usado no sepultamento, devemos lembrar que é um sinal de santidade. Durante a vida, o indivíduo que usa o *talit* deve ser alguém que foi separado para *Hashem*. Esse manto deve ser usado por quem deseja ser luz para as nações. As pessoas devem ser capazes de olhar para esse alguém, ver algo diferente nele e desejar essa qualidade especial para si. Essa diferença que veem é o Espírito de *Adonai*.

A pessoa deve ser sepultada com um *talit* somente se este representar quem ela foi em vida. Ela era uma pessoa de fé? Ela seguia os mandamentos de *Yeshua*? Ela procurava amar ao próximo como a si mesma? O Mestre cumpriu todos os mandamentos perfeitamente. O falecido, porventura, procurara imitar a vida de *Yeshua*? Ele era orgulhoso ou humilde? Ele era crítico? Ele era generoso ou avarento? Ele era uma pessoa de oração? Ele era alguém de caráter e integridade? Essas perguntas devem ser consideradas ao se determinar se o indivíduo será enterrado com um *talit*, pois esse manto representa amor e respeito por *Hashem*.

Sabemos que o *talit*, a veste que contém a *tsitsit*, foi mencionado pela primeira vez na Torá. Não obstante, conforme avançamos na leitura do *Tanach* e do *B'rit Chadashá* [Antigo e Novo Testamentos], *Yeshua* nos revela outros significados espirituais do *talit*. Ele é mais do que uma veste física. Tudo o que *Yeshua* nos dá tem um propósito físico e espiritual. Há muito mais para receber. Continuemos em nossa jornada para entender o *talit* enquanto aprendemos sobre como podemos ouvir Deus debaixo dele.

Capítulo 2

OUVINDO DEUS SOB O *TALIT*

Costuma-se dizer que o termo "*talit*" significa "pequena tenda", pois a palavra hebraica "*tal*" pode ser traduzida por "tenda". A palavra "*talit*", entretanto, significa "cobrir". O vocábulo hebraico "*tal*" é traduzido literalmente por "orvalho"; assim como o orvalho cobre a grama pela manhã, o *talit* simboliza a presença de Deus sobre nós quando nos colocamos debaixo do manto em oração.

Contudo, não está incorreto definir *talit* como uma "pequena tenda", pois funciona como uma figura adequada. Quando colocado sobre a cabeça, o *talit* de fato transforma-se em uma "pequena tenda", possibilitando que nos isolemos das distrações enquanto buscamos *Hashem* em oração.

Na época do Antigo Testamento, o povo de Israel era numeroso demais para caber na tenda de reunião. Sob o *talit*, cada indivíduo tinha seu próprio santuário para encontrar Deus e dedicar-lhe atenção individualmente. Talvez seja por isso que *Yeshua* nos instrui, em Mateus 6:6, a entrar no quarto e orar. Quando a pessoa se cobre com o manto de oração, ela deixa o mundo do lado de fora. O manto passa a ser seu "quarto de oração".

A Torá diz: "Quando o povo via a coluna de nuvem parada à entrada da tenda, todos prestavam adoração em pé, cada qual na entrada de sua própria tenda. *ADONAI* falava com Moisés face a face, como quem fala com seu amigo (Êxodo 33:10-11).

Quando leio essa passagem, imagino "a coluna de nuvem", a santa presença de *Hashem* sobre *K'lal Yisrael* ["todo o Israel"], e, então, conforme Moisés sai para falar com *El Shaddai*, as pessoas saem de sua própria tenda e se colocam sob seu *talit* pessoal, aguardando pacientemente a voz de *Hashem*. Hoje, podemos fazer a mesma coisa de modo simbólico ao sair temporariamente do âmbito secular e entrar no âmbito espiritual, colocando-nos sob nosso próprio *talit*, isolados com *Hashem* para o propósito único de adorá-lo e ouvir suas palavras para nós.

Por que precisamos nos isolar em oração? É assim que conseguimos ficar a sós com *Yeshua* e ouvi-lo com clareza. Algum pensamento aleatório já passou por sua mente enquanto você estava concentrado na oração? Talvez a lembrança de retornar a ligação de alguém ou responder a um e-mail. Estar com o *talit* sobre a cabeça nos ajuda a permanecer focados em nosso espaço pessoal de oração a fim de que possamos discernir a voz de *Hashem* e bloquear as distrações externas.

Vemos um exemplo disso em 1Reis:

> E depois do fogo houve o murmúrio de uma brisa suave. Quando Elias ouviu, puxou a capa [*talit*] para cobrir o rosto, saiu e ficou à entrada da caverna. E uma voz lhe perguntou: "O que você está fazendo aqui, Elias?"
>
> — 1Reis 19:12-13

Quando se envolveu no *talit*, Elias conseguiu concentrar-se e então pôde ouvir a voz de *Adonai*. Como ouvimos Deus? Meditamos sob o *talit* e bloqueamos, assim, todas as distrações.

Quando posicionamos o *talit* sobre a cabeça e fechamos os olhos em adoração, podemos experimentar intimidade com Deus. Ele deseja aproximar-se e permite que provemos sua presença.

Ele está ali, sob o *talit* ou onde quer que seja, apenas esperando que o busquemos. Ele quer se comunicar conosco, mas será que estamos dispostos a ouvi-lo?

DE VOLTA AO JARDIM

A comunicação entre o homem e Deus começou no jardim do Éden:

> Então *Adonai Elohim* formou o homem do pó da terra e soprou em suas narinas o fôlego de vida, e o homem se tornou um ser vivente. Ora, *Adonai Elohim* tinha plantado um jardim no Éden, para os lados do leste, e ali colocou o homem que formara.
>
> — Gênesis 2:7-8

Comentaristas rabínicos acreditam que Adão foi formado fora do jardim, em uma terra de espinhos e cardos, onde comia pelo suor do rosto. De acordo com eles, é por isso que lemos que "*Adonai Elohim* colocou o homem no jardim do Éden para cuidar dele e cultivá-lo" (Gênesis 2:15). Quando Adão foi colocado no *Gan Eden*, que é o paraíso, havia *kesher* [conexão] e comunicação contínuas, perenes, com Deus. Essa *kesher* eterna é a plenitude da oração e meditação.

Antes de o pecado entrar no mundo, Adão desfrutava de paz e descanso totais enquanto cuidava do jardim e o cultivava, pois estava na presença de *Adonai*. Esse é o objetivo da oração e meditação. Fora do jardim, Adão tinha de trabalhar pelo suor do rosto em meio a cardos e espinhos porque não estava na presença de *Hashem*. Estar dentro ou fora do jardim representa as opções de caminhos que a humanidade tem de escolher. Em um caminho, o homem cede à tentação e quer elevar-se acima de *Hashem*. No outro caminho, o homem decide evitar o pecado e permanecer no paraíso por toda a eternidade.

À medida que a história da humanidade avançou, ficou evidente que ninguém consegue viver sem pecado e, portanto, que ninguém poderia viver no *Gan Eden*. No entanto, *Yeshua*, que era Deus e homem ao mesmo tempo, era sem pecado. Somente por intermédio dele as espadas flamejantes do querubim seriam removidas a fim de que o homem pudesse entrar no jardim e viver com *Hashem* por toda a eternidade. Quando oramos, é por sua *quésede* [benignidade ou graça] e por nossa fé ou confiança que somos libertos dos cardos e espinhos do pecado e levados ao *Shabbat* de eterna *shalom*!

Essa é a plenitude da oração. Quando interagimos e encontramos essa conexão especial com *Yeshua*, somos guiados por uma jornada em nosso cotidiano que nos tira dos "cardos e espinhos" da vida e nos leva ao paraíso de sua presença. Qual caminho você prefere seguir?

ABISMO CHAMA ABISMO SOB O *TALIT*

A meditação – ato de estar em silêncio na presença de *Yeshua* ouvindo sua voz – deveria ser o principal aspecto de nossa vida de oração. A Escritura diz: "Abismo chama abismo ao rugir das tuas cachoeiras" (Salmos 42:7). Anos atrás, quando estava na Universidade Estadual de Nova York, em Buffalo, eu viajava de vez em quando para Niagara Falls a passeio. Era possível ouvir o estrondo dos milhões de litros de água despencando lá do alto às profundezas do despenhadeiro. Era magnífico! Quando penso em abismo chamando abismo, imagino esta cena – a de mergulhar na presença divina e entrar, cada vez mais profundamente, na multidão de dimensões do espírito.

Quando eu estava na faculdade, muitas pessoas achavam que somente com a ajuda de determinadas substâncias e visitas a gurus do Oriente era possível fazer uma meditação profunda na alma e encontrar a verdade. Quanto recitei palavras e sílabas de religiões orientais, que provavelmente se originaram na antiga Babilônia, nada aconteceu; foi como se eu estivesse falando com uma pedra ou um pedaço de madeira. Contudo, por meio de oração e meditação com *Yeshua*, nós podemos encontrar a verdade.

Ao entrarmos em sua presença por meio da oração, precisamos estar em silêncio para receber suas palavras. Ele deseja nos encher de alegria e bondade. Ao buscá-lo sob o *talit*, devemos meditar em sua Palavra e receber suas instruções para nós a cada dia. Quando falamos repetidamente ao seu Espírito, lemos devocionais e ponderamos sobre sua direção para nós em paz e silêncio, há uma renovação de vida e esperança. O medo e a dúvida se vão, e suas palavras se tornam vida e realidade para nós. Quando mergulhamos em seu Espírito, sentindo a profundidade infinita de seu ser, podemos ter a sensação de estar entrando no terceiro céu, como o rabino Shaul (apóstolo Paulo) descreveu em 2Coríntios 12:2. Conforme nos apegamos a sua existência por meio de oração e meditação, tornamo-nos fortes, resolutos e prontos para batalhar como um soldado em sua milícia.

Aprendi a recitar o *Shemá* aos cinco anos de idade, porque ele era (e ainda é) a oração fundamental de nossa fé. Eu falava com Deus e pedia-lhe que abençoasse meus entes queridos. Esta oração me ligava ao restante do povo judeu espalhado pelo mundo e pela história. Eu amo suas palavras e seu significado e, quase sempre, inicio meu momento de oração com *Yeshua* proferindo o *Shemá* ("Ouve, ó Israel: o Senhor é nosso Deus, o Senhor é único"). Houve muitas vezes em que cheguei à sinagoga no *Shabbat* me sentindo ansioso, desencorajado ou preocupado com algo; porém, assim que a liturgia iniciou, senti sua presença. As distrações em minha mente desapareceram, e eu fiquei repleto de alegria.

No entanto, recitar o *Shemá* não é meditar. A meditação me leva às profundezas do Espírito de Deus. Meditar na presença de *Yeshua* produz confiança e gera um estado excepcionalmente elevado de serenidade, um êxtase de devoção e uma explosão de amor. "Tu, *Adonai*, guardarás em perfeita paz aquele cujo propósito está firme, porque em ti confia. Confiem para sempre no *Adonai*, pois *Adonai*, somente *Adonai*, é a Rocha eterna" (Isaías 26:3-4). Meditação é "abismo chamando abismo"!

Quanto mais tempo passamos na presença de *Hashem*, mais conhecemos sua voz. O Espírito de Deus fala conosco e por nosso intermédio com frequência; mas, na maioria das vezes, as pessoas estão tão ocupadas e envolvidas com coisas seculares, que não ouvem sua voz. Enquanto eu e Racquel tentávamos "encontrar Deus", ele estava ali o tempo todo, nós apenas não sabíamos como reconhecer sua voz. Porém, ao caminhar cada vez mais com *Yeshua*, aprendemos a discernir o que ele dizia. E como sabíamos que era *Yeshua* falando? Aprendemos que, se aquilo que ouvíamos não se alinhasse com a Palavra, não era a voz do Mestre. Quando o ouvimos falar ao nosso coração ao mesmo tempo pela primeira vez durante a visita a uma igreja (para saber mais sobre esta experiência, consulte o apêndice), suas palavras alinhavam-se com a Torá, a qual diz que ele nos enviaria um profeta como Moisés (veja Deuteronômio 18:15,18). Como resultado, nossa vida virou de cabeça para baixo.

"Consequentemente, a fé vem por se ouvir a mensagem, e a mensagem é ouvida mediante a palavra de Cristo" (Romanos 10:17). O Mestre é a Palavra de Deus! Ele é o "Unigênito", a Palavra viva que se tornou "carne e viveu entre nós" (João 1:14). Logo, quando o conhecemos, conhecemos sua voz. Nós conhecemos a voz de nosso Deus como as ovelhas conhecem a voz de seu pastor (João 10:27).

Em 1990, eu ouvi a voz de *Hashem* em meu coração instando-me a ler o livro *O refúgio secreto*, de Corrie ten Boom. Não imaginava o motivo, mas obedeci. Naquela época, eu e Racquel pretendíamos nos mudar de Plantation, Flórida, para Boca Raton. Nosso plano era viver de aluguel durante um ano e, depois, nos mudarmos para Palm Beach Gardens. Após procurar e visitar muitas propriedades durante um longo tempo, não conseguimos encontrar o lugar que *Yeshua* tinha para nós. Quando conhecemos o Mestre, podemos discernir o caminho dele para nossas vidas. Sem dúvida, é possível interpretar errado suas palavras, mas ele sempre nos leva de volta para a direção certa.

Começamos a nos perguntar se havíamos cometido algum erro. Clamamos a *Yeshua* e pedimos que ele nos guiasse. Oramos intensamente. De repente, enquanto estávamos procurando propriedades e percorrendo os bairros no oeste de Boca Raton, vimos um condomínio que não tínhamos visto antes. Ele se chamava Escondido. Sim, eu ouvi a voz de *Hashem*! Eu li o incrível livro de Corrie ten Boom, mas *Yeshua* também estava me dizendo, sem eu perceber, que ele nos estava enviando a uma casa específica em determinado local de Boca Raton. A melhor parte é que a casa era linda e tinha tudo o que desejávamos!

Precisamos nos certificar de que as palavras de *Yeshua* estão em nosso coração, em nossa alma, em nossa mente e em nosso espírito. O Mestre habita em nosso coração, então devemos prestar atenção ao que ele diz, especialmente no cenário mais íntimo em que nos encontramos com ele sob o *talit*. Enquanto aguardamos em sua presença sob o manto de oração, nosso amor por ele aumenta e nossa escuta espiritual fica mais aguçada. Há diferentes situações em que precisamos de conselhos para nós mesmos ou para outros. Não desejamos proferir palavras sem efeito duradouro. No entanto, em um único instante, *Yeshua* pode enunciar uma palavra do trono capaz de alterar o rumo de sua vida ou da vida de outros que estejam buscando conselho.

Quando Maria ouviu todas as coisas profetizadas sobre aquele que ela estava dando à luz, refletiu sobre elas em seu coração (veja Lucas 2:15-19). Ela ouviu a verdade divina que fora falada a seu espírito e creu. Quando "abismo chama abismo", devemos ouvir, agir e permitir que as palavras recebidas mergulhem em nosso espírito.

OUVIR E OBEDECER A PALAVRA

Recentemente, conversei com um empresário bem-sucedido. Ele me perguntou sobre meus sonhos e pensamentos para a próxima etapa da vida. Enquanto os contava, ele me perguntou: — Por que você não realiza essas coisas agora? Comecei a explicar que era necessário saber se o Espírito de Deus estava me instruindo e aguardar pelo momento dele para realizar qualquer mudança. Isso lhe pareceu loucura. Ele disse que a única razão de seu sucesso era ter uma ideia e, então, colocá-la em prática. Além disso, afirmou ser a única pessoa no comando de sua própria vida.

Prossegui explicando que minha vida está totalmente submetida a *Ruach Elohim* [Espírito de Deus]. Eu me submeti à direção de seu Espírito pelos últimos 30 anos e não posso realizar uma única mudança importante na minha vida sem saber se as instruções vêm dele. E como podemos saber se o Espírito de Deus é quem está conduzindo? Ele fala à nossa mente e ao nosso coração ao mesmo tempo, e simplesmente sabemos que é *Hashem* quem está falando.

Quem pertence a Deus ouve as palavras dele. O motivo pelo qual não o ouvimos é porque não aprendemos a discernir sua voz, ou porque existe tanto ruído externo, que não conseguimos reconhecer qual voz é a dele! Para alguns leitores deste livro, ser guiado pela voz de Deus talvez pareça loucura. Porém, *Hashem* disse, por meio de um de seus profetas: "a sabedoria dos sábios perecerá, a inteligência dos inteligentes se desvanecerá" (Isaías 29:14).

Meu amigo bem-sucedido, o qual admiro, não conseguiu captar o que eu estava dizendo. Ele não entendia que, quando se discerne a voz do Espírito, também é preciso aguardar o momento perfeito dele. Nossa sociedade nos estimula a ser assertivos, seguir nossos impulsos e satisfazer nossos desejos. No entanto, esperar pela voz de Deus sob o *talit* traz sucesso e alegria à vida. Provações e tribulações vêm, mas ele promete estar conosco aonde quer que formos.

Como sabemos quando é a hora dele? Como sabemos que não cometemos um erro e gastamos anos de nossa vida? Quando *Hashem* fala conosco, podemos comprovar por sua Palavra, pela sabedoria de presbíteros e/ou por sinais e circunstâncias. Podemos ver o fruto de nossa jornada e saber se foi realmente *Adonai* quem nos chamou. No âmbito espiritual, devemos esperar em Deus para ouvir sua voz. Sempre somos tentados a agir antes de ouvir. Ceder a essa tentação é impaciência, e impaciência é um tipo de orgulho. É resolver a questão com nossas próprias mãos por achar que *Hashem* está demorando demais. É não ser totalmente dependente dele. É o oposto da humildade.

Yeshua instruiu-nos várias vezes a esperar por ele. Esta submissão é um teste de fé. Não devemos nos vangloriar, mas, sim, honrar seu santo nome. A vida não gira ao nosso redor, mas ao redor dele e de seu reino!

Quando o grande profeta Samuel era apenas um menino que fora dedicado por sua mãe, Ana, ao serviço de *Adonai* sob orientação de Eli, o *kohen* (sacerdote), ele ouviu uma voz dizendo: "Samuel, Samuel!" Depois de ouvir a voz de *Adonai* pela terceira vez, Samuel respondeu: "Fala, pois o teu servo está ouvindo" (1Samuel 3:10). *Adonai* falou a Samuel, e Samuel transmitiu a mensagem a Eli, como Deus o instruíra. Durante seu crescimento, Samuel sempre ouviu e obedeceu a *Adonai*, e todo o Israel sabia que "Samuel estava confirmado como profeta de *Adonai*" (1Samuel 3:20). Eli, em contrapartida, ouvira as palavras de Deus, mas não obedeceu. Como consequência, ele e seus filhos receberam uma repreensão e foram amaldiçoados por *Hashem* (veja 1Samuel 3:11-14).

O Espírito de Deus falou a mim e à minha esposa, instando-nos a orar para que uma de nossas filhas concebesse. Nós não sabíamos se nossa filha e nosso genro estavam tentando ter filhos, mas obedecemos e oramos todos os dias pela criança que, algum dia, estaria no ventre dela. Após alguns meses, o Espírito nos instruiu a orar por uma criança já existente. Algumas semanas depois, nossa filha e seu marido nos contaram que ela estava, de fato, esperando um bebê! Mais uma vez, como é incrível ouvir a voz de *Yeshua* e ver os resultados fantásticos da obediência!

NO QUARTO DE ORAÇÃO DO *TALIT*

Desde o primeiro homem, Adão, até o momento em que nascer o último ser humano, *Yeshua* falou e continuará falando conosco. Ele deseja se comunicar com a pessoa cujo coração foi santificado, separado para ser íntimo do responsável por toda a criação! O Espírito do Deus vivo falou a Jeremias, o profeta: "Clame a mim e eu responderei e direi a você coisas grandiosas e insondáveis que você não conhece" (Jeremias 33:3).

O Mestre também falou por seu Espírito, por intermédio do rabino Shaul:

> Entretanto, falamos de sabedoria entre os que já têm maturidade, mas não da sabedoria desta era ou dos poderosos desta era, que estão sendo reduzidos a nada. Ao contrário, falamos da sabedoria de Deus, do mistério que estava oculto, o qual Deus preordenou, antes do princípio das eras, para a nossa glória.
>
> —1Coríntios 2:6-7

Há mais de quatro meses, durante a produção deste livro, venho sofrendo de fascite plantar. Sinto dor a cada passo que dou. Cerca de três meses atrás, eu estava de férias e conheci um médico especializado em acupuntura; então, decidi tentar este método para o tratamento da dor. Ele me disse que eu precisaria de mais de uma sessão para sentir alívio dos sintomas. O médico explicou que, inicialmente, as impurezas deveriam ser removidas para que as coisas profundas e ocultas pudessem vir à superfície. Então, com um tratamento subsequente, ele poderia se livrar do veneno que estava causando a inflamação.

Essa é uma ilustração perfeita da razão pela qual devemos escutar Deus sob o *talit*. Existem muitas vozes disputando nossa atenção, e só encontramos a verdade quando eliminamos o "ruído de fundo" – todas as vozes tóxicas e inflamatórias que nos conduzem ao caminho errado. E só podemos remover o ruído quando empregamos nosso tempo em comunicação com *Yeshua*.

A propósito, quando o médico budista me explicou o processo de tratamento, eu compartilhei as percepções espirituais que obtive ao ouvir suas palavras. Para minha maravilhosa surpresa, ele recebeu o que eu disse com alegria e entusiasmo e me pediu que orasse para que também recebesse *Yeshua*, o Messias, em seu coração. Depois disso, sempre que nos encontrávamos, ele estava repleto de gratidão!

O povo de Israel ouviu a voz de *Adonai* no monte Sinai. Porém, teve tanto medo, que pediu a Moisés para servir de intermediário. Quando Deus falou, houve trovões e relâmpagos, som de *shofar* e fumaça sobre o monte (veja Êxodo 19:16-19). Todos no acampamento estremeceram e se afastaram. Eles achavam que, se Deus falasse com eles diretamente, morreriam. O povo experimentara o Deus vivo e verdadeiro.

O Deus dos trovões gloriosos. Ele está acima das águas impetuosas. A voz de *Adonai* é poderosa. A voz de *Adonai* é repleta de majestade. A voz de *Adonai* quebra os cedros e lança chamas de fogo. A voz de *Adonai* abala o deserto. Ele se assenta como Rei para sempre. Ele dá força ao seu povo e o abençoa com *shalom* (veja Salmos 29). Não obstante, este Deus poderoso também deseja comunicar-se conosco.

Devemos ter um temor reverente em relação a *Hashem*. Devemos reconhecer sua majestade, presença e poder inspiradores. Não obstante, por causa de seu amor eterno por nós, ele escolheu habitar com a humanidade por meio do *Ruach HaKodesh*! E, à medida que ouvimos e obedecemos nosso Criador, nossa intimidade com ele cresce.

Deus procura introduzir sua bondade, suas bênçãos, seus sinais e seus milagres em nossa atmosfera espiritual, mas, como a professora bíblica e líder de louvor Tiffany Ann Lewis escreveu, “ao mesmo tempo, seu reino está sob ataque. O inimigo tenta roubar nossa alegria, nossa paz, nossa prosperidade, nossa cura e todas as nossas bênçãos e, além disso, procura nos manter derrotados e desanimados”, de modo a não acreditarmos que o poder milagroso e o fogo do Espírito de Deus são para nós ou para nossa situação atual.[1] Porém, não podemos desistir. Devemos insistir para com Deus por meio da oração, pois a "oração de um justo é poderosa e eficaz" (Jacó [Tiago] 5:16).[2]

ORAÇÃO INTERCESSÓRIA

Assim como *Yeshua* procura satisfazer nossas necessidades em oração, ele nos chama a interceder por outros em nosso quarto de oração sob o *talit*. Podemos ver o poder da intercessão na vida do rei Davi: "Davi edificou ali um altar a *Adonai* e ofereceu holocaustos e sacrifícios de comunhão. Então *Adonai* aceitou as súplicas em favor da terra e terminou a praga que destruía Israel" (2Samuel 24:25).

A oração intercessória é uma súplica, um apelo em que imploramos para que *Yeshua* aja em favor de alguém. É uma verdadeira humilhação ou prostração da alma.

A intercessão é uma forma de amar o próximo. Na intercessão, o foco sai de nossas próprias necessidades e passa a estar nas necessidades dos outros. Significa carregar o jugo do Messias! Somos vasos de *Hashem* por meio dos quais cativos são libertos, cegos veem, surdos ouvem, boas-novas são levadas aos aflitos, casamentos destruídos são restabelecidos, crianças destruídas são restauradas, relacionamentos são reconstruídos e doentes são curados. Quando oramos e intercedemos continuamente para que nossa filha engravidasse, ela engravidou. O Mestre espera ouvir de nós para que possa nos abençoar, bem como aqueles que estão ao nosso redor.

Certa vez, eu e minha esposa estávamos a caminho de uma conferência. Havíamos acabado de embarcar, e eu achava que

Yeshua estava falando comigo por meio de seu Espírito. Orei pedindo discernimento, acreditando que havia algo de errado com o avião. Eu e Racquel oramos para que, se houvesse algum problema, ele suspendesse o voo. Tudo continuou como se não houvesse problema algum. O avião começou a acelerar para decolar, e eu orei em um tom de voz que somente minha esposa pôde ouvir: "Ó, Senhor, se houver alguma coisa de errado com o avião, *pare-o agora*!"

No momento em que eu disse "pare-o agora", o avião freou bruscamente. O piloto disse que havia um problema técnico e que precisávamos voltar, desembarcar e pegar outra aeronave! Nossas orações, as orações de muitos em favor de nossa viagem e também a intercessão dos que oravam por outros passageiros tocaram o coração de *Yeshua*, e fomos conduzidos em segurança. Ele está no controle de todas as coisas de eternidade a eternidade. Às vezes, *Hashem* permite que coisas aconteçam para que possamos nos submeter humildemente a ele e invocar seu nome.

Anos atrás, eu e Racquel estávamos intercedendo pela saúde de seu pai, o qual estava sofrendo muito e prestes a morrer. Ele havia crescido no contexto do judaísmo ortodoxo, mas, quando saiu de casa, decidiu não mais frequentar a sinagoga porque, durante o tempo que passou ali na juventude, sentiu que fora forçado a adorar de uma forma que não lhe era agradável.

Muitas pessoas, infelizmente, crescem com raiva dos pais porque foram obrigadas a crer de determinada maneira. No entanto, acredito que, se instruir "a criança segundo os objetivos que você tem para ela, [...] mesmo com o passar dos anos não se desviará deles" (Provérbios 22:6). Por causa da minha excelente educação religiosa quando eu era criança e adolescente, e o maravilhoso exemplo de meus pais de ter um relacionamento com *Hashem*, quando conheci *Yeshua*, queria caminhar como ele e ser um judeu praticante, assim como ele foi durante sua vida aqui na terra. Quando eu falava ao meu sogro sobre *Yeshua*, ele naturalmente recusava o que eu dizia. No entanto, por notar uma mudança em mim e em minha esposa depois que começamos a seguir *Yeshua*, ele me permitiu mostrar onde, na Torá, está escrito sobre o Mestre. De repente, seus olhos espirituais foram abertos e ele passou a entender o que eu dizia sobre *Yeshua*.

Alguns anos mais tarde, quando meu sogro se aproximava do fim da vida, nós intercedemos por ele enquanto se encontrava em coma parcial. Oramos: — Senhor, se for a tua vontade, desperta-o do sono e deixa-nos falar sobre ti para que ele possa recebê-lo em seu coração. — Milagrosamente, o pai de minha esposa saiu do coma e permitiu que eu lhe falasse sobre *Yeshua*. Eu disse: — Se realmente você quiser que ele entre em seu coração e estiver sendo sincero nisso, diga *amein*. — (É assim que "amém" costuma ser pronunciado em hebraico.) Com seus olhos bem abertos, ele bradou um forte e definitivo "*Amein*". Em seguida, fechou-os e voltou a dormir. Pouco tempo depois, foi viver eternamente com o Mestre.

PODER DO JEJUM

O jejum é a humilhação legítima perante *Adonai*. Quando jejuamos e vemos as bênçãos de *Hashem*, nossa fé e confiança em Deus aumentam. O jejum é uma ferramenta poderosa na batalha espiritual.

Neemias ficou perturbado após ouvir sobre Jerusalém e sobre a condição do restante que sobrevivera ao cativeiro: "Quando ouvi essas coisas, sentei-me e chorei. Passei dias lamentando-me, jejuando e orando ao Deus dos céus" (Neemias 1:4). Pouco tempo depois de Neemias derramar o coração e a alma perante *Shaddai* [o Onipotente], o rei Artaxerxes mostrou-lhe graça e atendeu ao seu pedido de viajar para Jerusalém e reconstruir a cidade.

Esdras estava trazendo os líderes patriarcais, suas famílias e seus registros genealógicos da Babilônia de volta a Jerusalém, onde o segundo templo fora construído. No entanto, os inimigos de Israel estavam ao derredor, e o grupo precisava de proteção. Lemos no livro de Esdras:

> Ali, junto ao canal de Aava, proclamei jejum para que nos humilhássemos diante do nosso Deus e lhe pedíssemos uma viagem segura para nós e nossos filhos, com todos os nossos bens. Tive vergonha de pedir soldados e cavaleiros ao rei para nos protegerem dos inimigos na estrada, pois lhe tínhamos dito: "A mão bondosa de nosso Deus está sobre todos os que o buscam, mas o seu poder e a sua ira são contra todos os que o abandonam". Por isso jejuamos e suplicamos essa bênção ao nosso Deus, e ele nos atendeu.
>
> — Esdras 8:21-23

Nas batalhas da vida e nos vales da decisão, nós precisamos do poder de *Yeshua*. Uma única decisão errada pode alterar toda a vida de uma pessoa. O jejum nos aproxima dele e nos possibilita ouvir sua voz com mais distinção. Em nossa congregação, estabelecemos que toda terça-feira é dia de jejum. Quando nos reunimos para interrompê-lo após um momento de oração, experimentamos uma presença poderosa do *Ruach* de Deus! Quão maravilhoso é o fato de que *Yeshua* nos dá as armas da batalha a fim de que possamos nos aproximar dele, ficar protegidos e vencer o combate! O próprio Mestre iniciou seu ministério com um jejum de 40 dias. Quantos de nós começam um novo ministério, trabalho, relacionamento ou chamado mergulhando em oração e jejum até ver uma ação verdadeira de *Hashem*? Já vimos muitas crianças começando a jejuar no *Yom Kippur*. Elas o fazem porque desejam bendizer a *Hashem* e muitas delas crescem e se tornam belos jovens adultos. Isto não acontece por causa do ritual, mas porque foram criadas para honrar o Onipotente em tudo aquilo que fazem. Muitas pessoas parecem jejuar regularmente sem, entretanto, apresentar mudança alguma na vida. Quando nosso coração está correto diante de Deus, ele nos dá poder para realizar mudanças duradouras. Contudo, é preciso querer mudar. "'Por que jejuamos', dizem, 'e não o viste? Por que nos humilhamos, e não reparaste?'" (Isaías 58:3). *Shaddai* respondeu dizendo que nosso comportamento não havia mudado. Ainda buscávamos nosso próprio prazer e explorávamos nossos trabalhadores. Jejuávamos para, depois, discutir e brigar com socos brutais (Isaías 58:3-4).

Quando jejuamos, *Yeshua* quer que sejamos mais semelhantes a ele. Se clamamos seu nome e o usamos como exemplo, nossas palavras e obras devem demonstrar isso. Estamos nos entregando totalmente a ele? Estamos jejuando de modo a afligir nossa alma e amar nosso próximo a ponto de pedir que *Yeshua* nos mostre como podemos ajudá-los? Estamos orando e jejuando para que seu Espírito opere em nós, rompendo os vínculos de malícia, libertando os oprimidos e destruindo todo o jugo?

Estamos dispostos a abandonar o jugo das acusações e difamações? Podemos liberar a ira, a amargura e as calúnias contra amigos e vizinhos, desejando ser novas pessoas em *Yeshua*? Repartimos nosso pão com os famintos e ajudamos os pobres e desabrigados? Oramos e jejuamos esperando cura, redenção, reconciliação e restauração? Em caso afirmativo, nossa retidão irá adiante de nós, e a glória de *Adonai* responderá (Isaías 58:8). São essas as coisas que devem ocupar nossas profundas orações, nosso jejum e nossa meditação.

Muitos de nós seguem rituais de forma automática, sem realmente afligir a alma para ser transformados e trabalhar pelo

Reino de Deus. O Mestre quer que jejuemos para ser vistos por ele, não para impressionar os homens. Quando pensamos em guerra física em nosso planeta hoje, sabemos que, a fim de ganhá-la, é preciso haver uma liderança forte, uma visão, um plano, uma estratégia brilhante e uma casa não dividida. O mesmo se dá na batalha espiritual. Se seguirmos as orientações de *Yeshua*, obteremos vitória!

Em nossa vida, há muitos momentos em que lutamos contra o inimigo. Ele não é necessariamente uma pessoa; pode ser áreas de dúvida, desânimo, frustração, raiva, amargura, concupiscência ou orgulho. Há vezes em que precisamos jejuar para que *Yeshua* renove nossa mente.

Eu e minha esposa fundamos uma congregação em Orlando, Flórida, em 2004. Antes de começarmos a nova sinagoga, jejuamos para que Deus nos desse força e poder. Em 13 de agosto de 2004, nós dois havíamos jejuado e orado, e também havia intercessores orando por nós. Estávamos prontos para começar. Porém, o furacão Charley entrou em cena, obrigando-nos a cancelar nosso primeiro culto na sinagoga. Os jornais em Orlando diziam: "Orlando é tomada pelo Charley". Nós não ficamos desanimados pelo fato de o culto precisar ser cancelado, pois acreditávamos que aquelas manchetes dos jornais eram uma palavra profética para o nosso ministério. Orlando também seria tomada por nós!

Ester ordenou um jejum de três dias e, como consequência, o povo judeu foi salvo da destruição. Ana orou e jejuou quando quis que *Adonai* lhe desse um filho; então, deu à luz Samuel, que se tornou profeta. O rei Davi jejuou para demonstrar luto por Abner, filho de Ner, que fora morto. No judaísmo, afligimos nossa alma passando um dia inteiro sem comida e água no *Yom Kippur*, o dia da expiação. Este é considerado o dia mais sagrado no calendário judaico porque afligimos nossa alma com o objetivo de nos aproximar de *Adonai* e receber perdão por nossos pecados. Mesmo quando estamos em um relacionamento íntimo com *Yeshua*, o dia da expiação ainda é um momento para fazer jejum de comida e água e afligir a alma. Por intermédio do Messias, nossos pecados foram perdoados, mas nós amparamos nosso povo orando e jejuando por sua redenção, assim como nós recebemos a nossa.

Jejuar é sempre proveitoso, pois, com ele, podemos discernir realmente a direção de *El Shaddai*. Em nossa vida cotidiana, quando somos confrontados pelo perigo, pelo sofrimento ou por uma decisão essencial, a oração e o jejum contínuos nos possibilitam ouvir *Yeshua*, e ele nos mostra sua vontade divina para a situação.

HÁ PODER NA ORAÇÃO... ATÉ PARA MOVER PONTOS DE ÔNIBUS

Quando eu e minha esposa morávamos em Boca Raton, tínhamos uma bela casa em um bairro com muitas crianças. Nós nos mudamos para lá no verão, e aquele era um lugar tranquilo e sossegado. No entanto, quando as aulas começaram em agosto, eu e minha esposa passamos a ser acordados todos os dias em torno das 6:30 da manhã pela gritaria das crianças que esperavam o ônibus escolar bem perto de nossa casa. A voz de um dos garotos era especialmente escandalosa, estridente e irritante. Tudo o que podíamos fazer era orar e pedir que *Yeshua* nos ajudasse.

Algumas semanas se passaram e a situação continuava a mesma. Certa manhã, percebemos que não havíamos sido acordados nem era feriado. Quando me perguntei o que poderia ter silenciado as crianças, principalmente aquele menino, descobri – para meu espanto e euforia – que o ponto de ônibus fora transferido para outra rua! Isto não é incrível? O poder da oração pode mover montanhas e pontos de ônibus!

Passar tempo com *Yeshua* nos torna livres para ser o povo que *Hashem* deseja que sejamos. Como alguém que ama nossa alma, nosso *yedid nefesh*, ou "amado", atrai-nos para si. Quando voltamos nossa mente para ele e buscamos sua face com coração verdadeiramente grato, o Mestre concede-nos o poder e o fogo de seu Espírito. Uma vida intensa de oração, com direito a meditação em sua Palavra e em sua bondade, possibilita-nos romper cadeias espirituais. Nada é impossível com ele. Por acaso seu poder é limitado? Porventura o braço de *Adonai* é curto demais? Absolutamente não!

AQUIETE-SE SOB O *TALIT*

Quando nos colocamos sob o *talit* em oração, podemos nos aquietar e saber que ele é Deus. Devemos nos esconder em sua presença. Devemos encontrar aquele lugar secreto onde podemos ter comunhão com ele. Ele é *HaMakom* – "o lugar"! Josué ordenou aos *kohanim*, ou sacerdotes, que transportavam a arca da aliança: "parem junto ao rio" (Josué 3:8). Por que parar? Porque milagres aconteceriam!

> Quando os *kohanim* que carregam a arca de *Adonai*, o Soberano de toda a terra, *puserem os pés no Jordão*, a correnteza será represada e as águas formarão uma muralha.
>
> —Josué 3:13 [ênfase acrescentada]

> Enquanto desciam para a saída da cidade, Samuel disse a Saul: "Diga ao servo que vá na frente". O servo foi e Samuel prosseguiu:

> "*Fique você aqui um instante*, para que eu lhe dê uma mensagem da parte de Deus".
>
> — 1Samuel 9:27 [ênfase acrescentada]

Todos os dias enfrentamos problemas e situações para os quais precisamos da sabedoria de *Hashem*. Muitas vezes, sentimos tanto pânico e medo, que não conseguimos pensar direito. Se nos aquietarmos sob o *talit* e nos colocarmos na presença de Deus, encontraremos paz e seremos capazes de ouvir a *Kol Hashem* [voz de Deus].

Está chegando a hora em que haverá fome da Palavra de Deus:

> 'Estão chegando os dias', declara *Adonai*, o Soberano, 'em que enviarei fome a toda esta terra; não fome de comida nem sede de água, mas fome e sede de ouvir as palavras de *Adonai*. Os homens vaguearão de um mar a outro, do Norte ao Oriente, buscando a palavra de *Adonai*, mas não a encontrarão'.
>
> — Amós 8:11-12

É por isso que precisamos nos aquietar e conhecer Deus agora! Como Yeshua disse, "Está escrito: 'Nem só de pão viverá o homem, mas de toda palavra que procede da boca de Deus'" (Mateus 4:4).

Quando ouvimos a voz do Mestre, aceleramos nossa busca por intimidade espiritual com o Criador. No entanto, isso não significa que trilharemos um caminho suave, uniforme, aveludado. Geralmente, significa exatamente o oposto: o caminho será difícil e instável. Nessa busca espiritual, precisamos ser capazes de discernir sua voz e ignorar todas as outras. São as outras vozes que nos desviam do caminho certo, fazendo com que nossa escuta espiritual se torne débil. Como sabemos qual é a voz dele? O Espírito de *Hashem* vive dentro de nós e nos ensina todas as coisas.

Quando nos aquietarmos e passarmos tempo a sós com ele, saberemos que ele é Deus. Ele nos revelará muitas coisas ocultas enquanto esperarmos, ouvirmos e meditarmos em sua presença sob o *talit*. *Hashem* nos revelará os mistérios do manto de oração e outros tesouros escondidos. Conheceremos a verdade, e a verdade nos libertará. A voz do Mestre traz uma paz que excede nosso entendimento. Ela flui através de nós, tranquila e sem oscilações. Ouvir suas palavras e meditar nelas nos faz conhecer o Pastor!

Quando *Yeshua* ocupa o lugar de maior importância em nossa vida, podemos caminhar com grande confiança nele. Uma vida de oração intensa pode reconstruir nossa maneira de pensar e de enfrentar situações difíceis. O Mestre deseja que tomemos decisões corretas e vivamos em sua presença e no fogo de seu Espírito. Quão abençoados somos nós por sermos convidados diariamente a nos colocarmos sob o *talit* de *Hashem*!

Capítulo 3

Presença e proteção de Deus

Há alguns meses, um casal me pediu para celebrar seu casamento. Embora o evento fosse informal, eles desejavam a presença de *Hashem*. Aceitei o pedido e ofereci minha casa como local para a cerimônia. Eles ficaram empolgados e perguntaram se poderiam casar sob uma *chupá* – uma cobertura debaixo da qual os noivos se posicionam em casamentos judaicos.

A *chupá* simboliza a cobertura e a presença de Deus na vida do casal e no casamento. O solidéu, ou *quipá*, também representa a cobertura de Deus, mas colocar-se sob o *talit* na *chupá* mostra a presença de Deus ao redor dos noivos e da aliança matrimonial em si. O casal desejava a cobertura absoluta de Deus sobre eles, então quando eu lhes disse que poderíamos usar um *talit* para criar uma *chupá* a fim de cobrir suas cabeças, eles ficaram bastante animados. Quando o grande dia chegou e os dois se posicionaram sob o *talit*, a unção e a presença de *Yeshua* foram poderosas.

Realizo muitas cerimônias de casamento na praia e experimentamos a mesma presença poderosa de *Yeshua* ali quando as ondas bateram em nossos pés. Por quê? Porque vários homens seguram o *talit* para que o casal possa se casar sob uma *chupá*.

Recentemente, celebrei um casamento ao ar livre em um grande coreto. Por acaso ele foi o símbolo da proteção de Deus? Não. O *talit*, entretanto, que estava bem acima do local onde o casal estava posicionado no coreto, representava sua proteção, e a presença de *Yeshua* foi incrível! O casal se tornou um *echad*, uma "unidade" composta, assim como Deus é um *echad*. Lembre-se, não é a peça em si que torna o *talit* especial, mas a *tsitsit* presa em cada um dos quatro cantos, que representa a Palavra de Deus. Quando estamos envoltos ou cobertos por sua Palavra, sempre experimentamos a presença de *El Shaddai*, o Deus onipotente.

Conforme evidenciado nessas cerimônias de casamento, o *talit* é um símbolo da proteção e presença de Deus porque sua proteção é sua presença. Esse é mais um tesouro que pode ser encontrado quando experimentamos o mistério do manto de oração. Assim como o *talit* cobre os noivos ao servir de *chupá* durante a cerimônia de casamento, ele também simboliza a proteção e a presença de *Hashem* quando nos colocamos debaixo dele em oração. Quando nos cobrimos com o *talit*, estamos simbolicamente convidando o *Ruach HaKodesh* a estar presente em nossa vida e nos rendendo a sua autoridade espiritual. Neste capítulo, discutiremos diversos aspectos de sua presença, de sua proteção e de sua autoridade delegada quando seu *talit* é estendido sobre nós.

ENTRANDO NA PRESENÇA DE *HASHEM*

O rei Davi era um adorador e um guerreiro de oração. Os salmos confirmam isso. Ele sabia como entrar no lugar secreto com *Hashem* e ouvir seu coração. Ele era capaz de invocar o nome do Senhor e se concentrar intensamente nele, sem se dispersar. Davi é um exemplo de como devemos entrar no santo dos santos espiritual sob nosso *talit*. Quando você coloca o *talit* sobre a cabeça e se prostra diante de *Hashem*, é apenas você e ele – uma intimidade espiritual verdadeira!

Davi *Hamelech* [rei Davi] encontrava a presença do Senhor na adoração. Cada vez que entrava na presença de *Hashem* e se prostrava sobre o próprio rosto para experimentar Deus no âmbito espiritual, ele podia contemplar a face do Mestre e ver a beleza de nosso glorioso Senhor e Rei. É por isso que ele escreveu: "*ADONAI* é a minha luz e a minha salvação; de quem terei temor? *ADONAI* é o meu forte refúgio; de quem terei medo?" (Salmos 27:1)

Nas famílias judaicas praticantes, esse versículo do salmo 27 é recitado todos os dias no mês de *Elul*, o mês anterior às grandes festas, para ajudá-las a se preparar espiritualmente para as mudanças que acontecerão quando *Hashem* mostrar sua luz (*Rosh Hashanah*) e revelar sua salvação (*Yom Kippur*). Ao buscar sua presença e receber as bênçãos e os benefícios da intimidade espiritual com o Messias, compreendemos que ele tem todas as respostas que poderíamos procurar em nossa jornada espiritual. Elas nos são concedidas continuamente, de festa em festa. Tudo o que temos de fazer é recebê-las.

Imagine o que Davi deve ter visto na presença de *Hashem* para ser capaz de dizer o seguinte:

> Quando homens maus avançarem contra mim para destruir-me, eles, meus inimigos e meus adversários, é que tropeçarão e cairão. Ainda que um exército se acampe contra mim, meu coração não temerá; ainda que se declare guerra contra mim, mesmo assim estarei confiante. Uma coisa pedi a *ADONAI* e a procuro: que eu possa viver na casa de *ADONAI* todos os dias da minha vida, para contemplar a bondade de *ADONAI* e buscar sua orientação no seu templo. Pois no dia da adversidade ele me guardará protegido em sua *sukkah* [abrigo]; no seu tabernáculo me esconderá e me porá em segurança sobre um rochedo.
>
> — Salmos 27:2-5

Davi provou tudo o que alguém poderia desejar na vida; riqueza, poder, autoridade, respeito e adulação. Ele era cercado por homens dispostos a morrer por ele, mas enfrentou muitos inimigos e batalhas ao longo da vida. As forças espirituais negativas constantemente tentavam destruir esse homem devoto. Contudo, Davi não temia porque era um adorador. Ele era um homem de louvores que agradecia a Deus por todas suas bênçãos! Ele tinha confiança na graça e misericórdia de Deus e sabia que o Senhor lhe daria força!

Para ter esse tipo de confiança, Davi ansiava por uma intimidade espiritual ininterrupta com seu Deus. Ele via um esplendor em *Hashem* que eu ainda não vi em minha vida. Já testemunhei vitórias e milagres, mas desejo experimentar uma intimidade espiritual ininterrupta com meu Deus como Davi experimentou. Minha oração é: "Quero ver o teu rosto, Senhor. Quero permanecer em tua presença!"

A presença de *Hashem* está sempre disponível para nós. Ele nos ama e deseja ter intimidade conosco. É por isso que coloca um anseio em nosso coração por conhecê-lo. E é somente por meio de um relacionamento com *Yeshua* que podemos experimentar a plenitude daquilo que *Hashem* quer nos dar.

Davi estava disposto a deixar tudo sobre o altar do sacrifício para habitar na casa do Senhor por todos os dias de sua vida (veja Salmos 27:4). Foi assim que ele orou:

> Ouve a minha voz quando clamo, ó *Adonai*; tem misericórdia de mim e responde-me. A teu respeito diz o meu coração: Busque a minha face! A tua face, *Adonai*, buscarei. Não escondas de mim a tua face, não rejeites com ira o teu servo; tu tens sido o meu ajudador. Não me desampares nem me abandones, ó Deus, meu

> salvador! Ainda que me abandonem pai e mãe, *Adonai* me acolherá. Ensina-me o teu caminho, *Adonai*; conduze-me por uma vereda segura por causa dos meus inimigos. Não me entregues ao capricho dos meus adversários, pois testemunhas falsas se levantam contra mim, respirando violência. Apesar disso, esta certeza eu tenho: viverei até ver a bondade de *Adonai* na terra. Espere em *Adonai*. Seja forte! Coragem! Espere em *Adonai*.
>
> — Salmos 27:7-14

A fim de experimentar intimidade com *Hashem*, devemos buscá-lo! Temos de estar dispostos a dizer a *Yeshua*: "Revela-te a mim". A humanidade foi expulsa do paraíso, o *Gan Eden*, por causa do orgulho e da concupiscência. Portanto, a fim de experimentar a presença de Deus, precisamos estar dispostos a deixar de lado nosso orgulho e autoconfiança e nos submeter totalmente a *Hashem*. Ele excede, de longe, tudo o que a nossa mente pode conceber.

O profeta Ezequiel descreveu a presença de Deus desta forma:

> Acima da abóbada sobre as suas cabeças havia o que parecia um trono de safira e, bem no alto, sobre o trono, havia uma figura que parecia um homem. Vi que a parte de cima do que parecia ser a cintura dele, parecia metal brilhante, como que cheia de fogo, e a parte de baixo parecia fogo; e uma luz brilhante o cercava. Tal como a aparência do arco-íris nas nuvens de um dia chuvoso, assim era o resplendor ao seu redor. Essa era a aparência da figura da glória de *Adonai*. Quando a vi, prostrei-me com o rosto em terra, e ouvi a voz de alguém falando.
>
> — Ezequiel 1:26-28

Experimentar a presença do Mestre é um incrível dom de *Adonai*, mas temos de aprender a recebê-lo. Devemos encontrar um lugar onde fiquemos a sós com ele – um lugar secreto, ou um quarto em casa onde podemos ter silêncio e tranquilidade. Precisamos estar a sós com *Hashem* em um lugar e uma hora que seja possível tirar da mente todas as outras coisas. Temos de ser capazes de entregar nossos pensamentos, desejos, emoções, corpo, família, dinheiro, carreira, bens e outros a *Yeshua*. Quando o fazemos, descobrimos que submissão e obediência a *Yeshua* são uma fonte de poder e liberdade. Nós nos tornamos livres de enfermidades, vícios e medos e recebemos o jugo da retidão e da vida eterna.

Viver em *Yeshua* não significa mudar quem somos, mas ser transformados em quem deveríamos ser. A fim de que isso aconteça, devemos alinhar nossa vontade com a vontade dele para nós. Antes de iniciarmos essa busca espiritual e encontrarmos o mistério do manto de oração e outros tesouros escondidos, nossas transgressões eram uma traição à manifestação do Todo-Poderoso em nossa carne mortal. Na presença de *Yeshua*, os pecados são perdoados.

O rei Davi compreendia que os judeus verdadeiros devem adorar o Deus de Israel. Isso deve nos distinguir das nações. Devemos ser as vozes que elevam a autoridade da Palavra de Deus e a realidade do Deus de Abraão, Isaque e Jacó. Hoje, todo o corpo do Messias deve ter essa característica distintiva.

Por meio da adoração, enquanto estamos cobertos com o *talit*, aprendemos a entrar na presença de Deus e experimentar seu amor. Conforme crescemos espiritualmente, nossos medos diminuem até desaparecer, pois "No amor não há medo; ao contrário o perfeito amor expulsa o medo, porque o medo supõe castigo. Aquele que tem medo não está aperfeiçoado no amor" (1João 4:18). Peça ao *Ruach* hoje que traga à tona todos os medos que o inquietam ou atormentam. Confesse todos os pecados que estiverem ligados a esses medos. Então, peça ao *Abba* que substitua estes medos por seu amor libertador.

RUTE E O *TALIT*

Quando nos envolvemos no *talit*, estamos simbolicamente nos envolvendo na Palavra de Deus, o que nos possibilita encontrar sua presença. No Antigo Testamento, Rute seguiu à risca as instruções de sua sogra, Noemi, e desceu à eira para deitar-se aos pés de Boaz. Quando despertou, ele se assustou ao ver uma mulher deitada ali. Boaz questionou-a a fim de saber quem era ela e o que desejava. Ela se identificou como Rute, sua serva, e pediu que estendesse a extremidade de sua capa (a *tsitsit*) sobre si, pois ele era seu *goel* [parente remidor]. Na antiga cultura dos judeus e do Oriente Médio, o ato de estender a capa era um sinal de matrimônio.

Ao estender seu *talit* sobre Rute, Boaz prenunciava o que o Messias faria por nós. *Yeshua* é nossa proteção. Quando ele estende seu *talit* sobre nós, passamos a estar sob a cobertura de sua proteção. Assim como Rute, uma gentia, tornou-se judia pela obediência e fé na Palavra de Deus, também nós somos enxertados na família de *Hashem* quando obedecemos e confiamos em sua Palavra.

HAMAKOM – "O LUGAR"

Em vez de transformar nossas igrejas e sinagogas em locais onde nos sentimos confortáveis, deveríamos transformá-las em locais onde Deus se sente em casa. Outro nome de Deus é *HaMakom*, traduzido por "o lugar". Este nome vem de Gênesis 28:16-17:

Quando Jacó acordou do sono, disse: "Sem dúvida ADONAI está neste lugar, mas eu não sabia!" Teve medo e disse: "Temível é este lugar! Não é outro, senão a casa de Deus; esta é a porta dos céus".

Jacó viu-se no lugar considerado o mais sagrado do universo – o lugar onde o templo esteve por quase mil anos e onde Abraão se dispusera a entregar seu filho amado, Isaque, que foi pai de Jacó. A presença manifesta de Deus era visível ali.

O *Midrash* rabínico menciona a possibilidade de a pedra que Jacó tomou e colocou sob a cabeça ter sido a pedra fundamental de toda a criação – considerada, pela tradição judaica, a junção espiritual do céu e da terra – porque, no sonho, ele "viu uma escada apoiada na terra; o seu topo alcançava os céus, e os anjos de Deus subiam e desciam por ela" (Gênesis 28:12).

Há momentos na vida em que desanimamos e nos desesperamos porque nosso futuro parece incerto. Nossa vida talvez pareça estar desmoronando como consequência de decisões erradas que tomamos. Talvez haja problemas na família ou no ambiente de trabalho. É possível que estejamos preocupados com necessidades financeiras ou com o que parece ser um declínio na saúde física. Qualquer que seja a preocupação, devemos nos aproximar de *Yeshua*:

> Na manhã seguinte, Jacó pegou a pedra que tinha usado como travesseiro, colocou-a em pé como coluna e derramou óleo sobre o seu topo. E deu o nome de Betel [casa de Deus] àquele lugar [...].
>
> — Gênesis 28:18-19

Yeshua é o lugar e a pedra sobre a qual toda a criação foi estabelecida. Ele é a Rocha eterna que pode endireitar o que está errado. Sua presença aparece em horas e lugares inesperados porque ele está sempre conosco e nunca nos deixará nem nos abandonará. Sua presença manifesta pode aparecer em momentos de alegria e sucesso ou quando estivermos orando e apreciando a beleza de sua criação. Ele pode aparecer em tempos de estudo, quando estivermos beirando uma criatividade brilhante, ou durante tempos difíceis, quando a vida parecer nunca melhorar.

Uma vez que somos todos diferentes em natureza, formação, educação e mentalidade, *Yeshua* personaliza suas manifestações a cada um de nós de modo a adequar-se às nossas circunstâncias particulares. É a ligação do Mestre com nosso espírito (nossa essência) por meio de seu Espírito, o que nos possibilita provar sua presença em nossa vida.

A chave para experimentarmos a presença de Deus é convidá-lo a ter comunhão conosco. Porém, assim como aparece em horas e lugares diferentes, ele revela sua presença também de formas diferentes. Quando Elias estava aguardando a manifestação divina, Deus não estava no grande e poderoso vento que separava os montes e esmigalhava as rochas, nem no fogo ou no terremoto. O profeta encontrou-o no suave murmúrio de sua voz (veja 1Reis 19:11-12).

Não deveríamos ficar surpresos por saber que o Mestre pode se revelar a nós quando e onde quiser. Ele é o Rei! Ele é o Soberano do universo. Não há uma fórmula mágica a recitar, um cântico a entoar ou um objeto a esfregar para que ele apareça. Não existe uma lista de regras e normas a ser seguida a fim de obter seu amor e a conservar sua presença. Sua palavra é um guia para nós como comunidade redimida. A presença de Deus é um "estandarte [*talit*]" de amor sobre nós (Cântico dos Cânticos 2:4). Nada escapa de sua atenção, nem mesmo a quantidade de fios de cabelo em nossa cabeça.

Ele é o Senhor que é Rei, o Senhor que foi Rei e o Senhor que sempre será Rei! Sua presença sobre nós é seu amor por nós. Seu cetro está sempre estendido para que nos aproximemos dele (veja Ester 8:4). Este é um privilégio que recebemos quando temos um relacionamento íntimo com *Yeshua*. Conforme passamos tempo em sua presença, ele fala a nós por meio dos pensamentos, do coração e do espírito. Ele traz à mente versículos que foram, originalmente, direcionados aos profetas milhares de anos atrás, mas que, em um instante, ganham significado especial e pessoal para cada um de nós. Essa comunicação nos fortalece para prosseguir cientes de que *Yeshua* está sempre conosco.

Se temos essa consciência do Mestre conosco, por que alimentamos sentimentos de depressão, medo, culpa e insegurança? Onde está nosso foco? Está nele ou nas circunstâncias aparentes da vida? Nosso foco deve ser delimitado. Manter o foco é uma habilidade espiritual a ser desenvolvida. Temos de fazer um esforço consciente e deliberado para permanecer no caminho que Deus estabeleceu diante de nós. Quando permitimos que nossa mente se concentre em todos os pensamentos destrutivos e problemas que nela surgem, perdemos a força. Por que deixamos que eles ocupem espaço em nossa cabeça? Quando entregamos nossos problemas e preocupações a Deus, ele purifica nossa mente e toda a nossa perspectiva muda. A luz de sua presença nos enche, e somos restaurados. A alegria do Senhor é nossa força! Sob o *talit*, podemos mergulhar em sua presença íntima de modo maravilhoso.

Quando temos a presença de *Hashem* conosco, ela deve ser perceptível. O frasco fechado de um perfume refinado é igual a qualquer outro. Porém, quando aberto, pode ser distinguido pelo aroma magnífico. Quando conhecemos *Yeshua* e passamos tempo com ele diariamente, sua presença em nossa vida nos distingue; quando nos conhecem, as pessoas devem ser capazes de notar a presença dele.

Como nos tornamos pessoas diferenciadas pela presença de Deus, ou *Shekinah*? É preciso desejar uma união com ele de todo o coração, de toda a mente e de todo o espírito. É preciso estar "doente de amor", como o esposo expressou em Cântico dos Cânticos 2:5.

Yeshua em nós é a esperança da glória (Colossenses 1:27). Conforme nossos olhos são abertos a essa verdade, a bênção e a percepção de intimidade são despertadas em nosso espírito. Por intermédio de *Yeshua*, a *Etz Chayim* (árvore da vida), podemos retornar espiritualmente ao *Gan Eden*, o jardim do nosso Rei, o qual está repleto de deleites espirituais para aqueles que permanecem em sua presença e cultivam o jardim de acordo com a vontade de Deus.

AUTORIDADE ESPIRITUAL SOB O *TALIT*

O *talit* representa não só a presença de Deus, como também a autoridade espiritual de *Hashem*. Quando *hasatan* (o diabo) foi lançado à terra com os anjos que o seguiam, foi porque se rebelou contra a autoridade de Deus. O rabino Shaul diz:

> Todos devem sujeitar-se às autoridades governamentais, pois não há autoridade que não venha de Deus; as autoridades que existem foram por ele estabelecidas. Portanto, aquele que se rebela contra a autoridade está se colocando contra o que Deus instituiu, e aqueles que assim procedem trazem condenação sobre si mesmos. Pois os governantes não devem ser temidos, a não ser pelos que praticam o mal. Você quer viver livre do medo da autoridade? Pratique o bem, e ela o enaltecerá. Pois é serva de Deus para o seu bem. Mas se você praticar o mal, tenha medo, pois ela não porta a espada sem motivo. É serva de Deus, agente da justiça para punir quem pratica o mal. Portanto, é necessário que sejamos submissos às autoridades, não apenas por causa da possibilidade de uma punição, mas também por questão de consciência. É por isso também que vocês pagam imposto, pois as autoridades estão a serviço de Deus, sempre dedicadas

> a esse trabalho. Deem a cada um o que lhe é devido: se imposto, imposto; se tributo, tributo; se temor, temor; se honra, honra.
>
> — Romanos 13:1-7

Quando Eva deu ouvidos à serpente e saiu da cobertura (*talit*) de seu marido, ela também saiu da cobertura (*talit*) de Deus. Quando Adão comeu o fruto, ele igualmente saiu da cobertura (*talit*) de Deus. O resultado da desobediência à autoridade espiritual é o juízo, e este juízo resultou na queda da humanidade. Quando *Hashem* não é mais a prioridade em seu coração, você está em rebelião. É por isso que *Yeshua* teve de entrar em cena. Toda a humanidade foi lançada para fora do *Gan Eden*, e não havia como voltar. As espadas flamejantes do querubim guardavam o caminho para a *Etz Chayim* [árvore da vida].

O pecado de rebelião de Adão e Eva resultou em vergonha. Mais uma vez, a rebelião aconteceu porque eles cederam à tentação e caíram na armadilha sedutora da serpente. Sempre que deixamos a autoridade de *Hashem*, declaramos a Deus que nossos desejos e necessidades têm prioridade sobre ele. Existem apenas dois caminhos que podemos seguir: o caminho para Deus ou o caminho para longe de Deus. Ele é um Deus zeloso, e incredulidade ou qualquer coisa que nos faça abandonar sua autoridade fará com que colhamos juízo e vergonha. Não há possibilidade de se rebelar contra a autoridade de Deus sem sofrer juízo! É por isso que muitos acreditam ser importante usar o *talit katan* como proteção contra diversas tentações em nosso cotidiano.

A autoridade de Deus representa o próprio Deus. É por esta razão que desafiar sua autoridade é uma ofensa tão grave. Rebelião foi o que provocou a queda de Satanás. O diabo desejava se exaltar estabelecendo seu trono acima do trono de Deus, e essa rebelião contra a autoridade divina foi o que Deus condenou lançando Lúcifer para fora do céu.

> Você era o modelo da perfeição, cheio de sabedoria e de perfeita beleza. Você estava no Éden, no jardim de Deus; todas as pedras preciosas o enfeitavam: sárdio, topázio e diamante, berilo, ônix e jaspe, safira, carbúnculo e esmeralda. Seus engastes e guarnições eram feitos de ouro; tudo foi preparado no dia em que você foi criado. Você foi ungido como um *cheruv* guardião, pois para isso eu o designei. Você estava no monte santo de Deus e caminhava entre as pedras fulgurantes. Você era inculpável em seus caminhos desde o dia em que foi criado até que se achou maldade em você. Por meio do seu amplo comércio, você encheu-se de violência e pecou. Por isso eu o lancei, humilhado, para longe do monte de Deus, e o expulsei, ó querubim guardião, do meio das pedras fulgurantes. Seu coração tornou-se orgulhoso por causa da sua beleza, e você corrompeu a sua sabedoria por causa do seu esplendor. Por isso eu o atirei à terra [...].
>
> — Ezequiel 28:12-17

Nenhum de nós jamais poderá compreender os caminhos de Deus. Os caminhos dele são maiores que os nossos caminhos, e os pensamentos dele são maiores que os nossos pensamentos. Nas congregações, há sempre pessoas disputando posições e favores. Há sempre pessoas que nos amam até o momento em que são corrigidas. Os insurgentes são sempre orgulhosos e arrogantes. Eles podem até ter ideias brilhantes e ser extremamente talentosos e (como seria de se esperar) criativos, mas seu coração é quase sempre igual ao daquele que foi expulso do céu por ter criado oposição à autoridade de Deus, o que significa oposição ao próprio Deus.

O acusador está mais preocupado com nossa submissão à autoridade do Mestre do que com nossa pregação sobre *Yeshua*, pois, se não estivermos sob a autoridade de *Yeshua*, nosso poder é limitado. Antes de conhecer a autoridade, o rabino Shaul tentou aniquilar o corpo do Messias. No entanto, conforme o professor de Bíblia Watchman Nee escreveu, após o rabino Shaul se ene contrar com o Senhor no caminho de Damasco em Atos 9, "ele viu que era duro para os pés (poder humano) recalcitrar contra os aguilhões (autoridade de Deus)"[1].

Submeter-se à autoridade de Deus é uma atitude que se estende ao governo do Reino. Quando nos submetemos a um rabino, pastor ou líder congregacional, não estamos nos sujeitando a uma pessoa, mas à unção que está sobre ela, a unção concedida por Deus. Assim, nunca deveríamos ter medo de fazer perguntas aos nossos líderes espirituais. Caso eles digam algo que não se alinha com a Palavra de Deus, devemos procurar uma explicação.

Em minha sinagoga, eu encorajo os membros a falar comigo caso eu diga algo que, na opinião deles, não se alinhe com a Palavra. Quero conversar sobre o assunto. Se eu estiver errado, aceitarei a correção porque quero falar a Palavra do Senhor, não a palavra do Charlie. Creio que os membros devem ser capazes de confiar em seus líderes espirituais; caso contrário, devem fazer parte de outra congregação. Nossa congregação está sob a autoridade de uma organização maior. Somos pessoas de autoridade sob uma autoridade.

Como seguidores de *Hashem*, nós nos submetemos à autoridade de Deus obedecendo à sua Palavra. Rebelar-se contra ele traz graves consequências, e o rei Saul aprendeu isso do jeito mais difícil:

> Disse Saul: "Mas eu obedeci a *Adonai*! Cumpri a missão que *Adonai* me designou. Trouxe Agague, o rei dos amalequitas, mas exterminei os amalequitas. Os soldados tomaram ovelhas e bois do

> despojo, o melhor do que estava consagrado a Deus para destruição, a fim de os sacrificarem a *Adonai* seu Deus, em Gilgal".
>
> Samuel, porém, respondeu: "Acaso tem *Adonai* tanto prazer em holocaustos e em sacrifícios quanto em que se obedeça à sua palavra? A obediência é melhor do que o sacrifício, e a submissão é melhor do que a gordura de carneiros. Pois a rebeldia é como o pecado da feitiçaria, e a arrogância como o mal da idolatria. Assim como você rejeitou a palavra de *Adonai*, ele o rejeitou como rei".
>
> — 1Samuel 15:20-23

Yeshua explicaria que, mesmo no sacrifício, há um elemento de obstinação. No sacrifício e na abnegação ainda existe nossa parte carnal que deseja oferecer apenas o que é confortável, não necessariamente o melhor. Deus quer que ofereçamos a ele o melhor e que tenhamos confiança absoluta em seus caminhos.

Devemos sempre lembrar que não somos obrigatoriamente chamados ao sacrifício e à abnegação, mas a seguir o propósito revelado de Deus para nós. Em Mateus 7, lemos sobre aqueles que exerciam grande autoridade e usavam seus dons espirituais, incluindo a realização de muitos milagres em nome de *Yeshua*, mas que foram repreendidos porque o faziam na carne, não segundo a vontade de Deus (v. 21-23). Quando tudo o que fazemos aponta para nós mesmos, e não para *Yeshua*, estamos tentando roubar-lhe a glória.

Mais uma vez, *Yeshua* olha para o coração. Os dois princípios mais importantes da autoridade espiritual são confiança e obediência. É sensato de nossa parte pedir a *Hashem* que nos revele de que maneiras deixamos a autoridade de Deus e, então, imediatamente nos arrependermos deste grave pecado de rebelião. É uma enorme bênção ter um Mestre tão maravilhoso, que nos ama incondicionalmente e nos perdoa quando confessamos e abandonamos nosso pecado.

VESTINDO O *TALIT* EM HUMILDADE

Uma vez que, quando nos envolvemos no *talit*, estamos simbolicamente nos envolvendo na presença de Deus, nunca deve ser nossa ambição usar o manto para parecer mais santos ou espirituais. Isso é o que os fariseus faziam, e *Yeshua* condenou-os duramente, dizendo:

> Tudo o que fazem é para serem vistos pelos homens. Eles fazem seus *tefillin* [filactérios ou caixas das Escrituras] bem largos e as *tsitsiot* [franjas] de suas vestes bem longas; gostam do lugar de honra nos banquetes e dos assentos mais importantes nas sinagogas, de serem saudados nas praças e de serem chamados mestres [...]. Ai de vocês, mestres da *Torá* e fariseus, hipócritas! Vocês limpam o exterior do copo e do prato, mas por dentro eles estão cheios de ganância e cobiça. Fariseu cego! Limpe primeiro o interior do copo e do prato, para que o exterior também fique limpo.
>
> — Mateus 23:5-7, 25-26

Devemos usar o *talit* em humildade, procurando trazer glória a *Yeshua*, não a nós mesmos. Nossa natureza carnal sempre se foca no "eu", mas, quando nos humilhamos perante *Yeshua*, nossa atenção volta-se somente a ele, nossa fonte eterna. A humildade é um fruto do Espírito. Ela provém de *Yeshua*. O orgulho, em contrapartida, provém de nossa natureza carnal. O orgulho é divisor e provoca separação, ao passo que a humildade cura e traz reconciliação.

O orgulho ocasionou a queda de Lúcifer do céu e influenciou a humanidade desde o *Gan Eden*. Assumimos a postura de que podemos alcançar o topo por conta própria. Porém, quanto mais buscamos alcançar níveis elevados de sabedoria, conhecimento, riquezas, grandeza, reputação, beleza e felicidade, mais vazios nos tornamos. Seguir qualquer outro plano que não seja o do Mestre leva a uma vida sem significado verdadeiro. Buscar *Hashem* – não nosso próprio avanço pessoal – sob o *talit* é um lembrete para nos submetermos humildemente à vontade de *Yeshua* e a procurar não satisfazer nossa própria vontade!

Na época de Noé, a humanidade se desviou terrivelmente do caminho de *Adonai* (veja Gênesis 6). Quando alguém se afasta de Deus, significa que está seguindo os caminhos da carne, os quais são caminhos de orgulho, concupiscência e ambição egoísta. Tanto seguir *Yeshua* em um relacionamento íntimo por meio de sua Palavra quanto seguir os caminhos do mundo são alternativas que deixarão marcas. Cabe a nós escolher quais marcas desejamos que nos representem.

Noé escolheu o caminho do Mestre e encontrou graça aos olhos de *Hashem* (Gênesis 6:8). Ele foi um homem justo que andou com Deus, mas sua justiça por si só não poderia tê-lo salvo – Noé foi salvo pelo favor imerecido (ou gratuito) de Deus. Ele experimentou esse favor imerecido porque submeteu-se a *Hashem* humilhando-se e seguindo as instruções de Deus, não se exaltando.

Como, então, podemos encontrar graça aos olhos de *Adonai*? Por meio de fé e humildade. Humildade é caminhar segundo a vontade de Deus: "Ele zomba dos zombadores, mas concede graça aos humildes" (Provérbios 3:34).

A batalha entre a *yetzer hara* [inclinação para o mal] e a *yetzer hatov* [inclinação para o bem] está sendo travada desde o jardim do Éden. É a batalha entre o maligno e o Espírito do Poderoso de Israel. Essa sedução da humanidade persiste desde o *Gan Eden*. No entanto, quando *Yeshua* veio ao mundo e concluiu, com êxito, sua obra no madeiro, morrendo e ressuscitando, ele obteve vitória sobre o pecado!

Na antiga Babilônia, "havia apenas uma língua, um só modo de falar" (Gênesis 11:1). Você consegue imaginar como a humanidade poderia ter sido poderosa se não tivesse cedido à tentação da *yetzer hara* e de *hasatan* e, em vez disso, tivesse humildemente se submetido a *Yeshua*? Ele poderia tê-la exaltado à magnificência. Contudo, o povo cedeu à sedução:

> Depois disseram: "Vamos construir uma cidade, com uma torre que alcance os céus. Assim nosso nome será famoso e não seremos espalhados pela face da terra".
>
> *Adonai* desceu para ver a cidade e a torre que os homens estavam construindo. E disse *Adonai*: "Eles são um só povo e falam uma só língua, e começaram a construir isso. Em breve nada poderá impedir o que planejam fazer. Venham, desçamos e confundamos a língua que falam, para que não entendam mais uns aos outros".
>
> Assim *Adonai* os dispersou dali por toda a terra, e pararam de construir a cidade. Por isso foi chamada Babel, porque ali *Adonai* confundiu a língua de todo o mundo. Dali *Adonai* os espalhou por toda a terra.
>
> — Gênesis 11:4-9

Precisamos dar uma boa olhada em nós mesmos e considerar aquilo que observarmos. Em vez de procurar nos exaltar, devemos ser como *Yeshua*. Ele não se elevou para alcançar a grandeza; ele se rebaixou para alcançá-la: "que, embora sendo Deus, [o Mestre] não considerou que o ser igual a Deus era algo a que devia apegar-se; mas esvaziou-se a si mesmo, vindo a ser servo, tornando-se semelhante aos homens. E, sendo encontrado em forma humana, humilhou-se a si mesmo" (Filipenses 2:6-8).

O orgulho e a arrogância têm a capacidade de nos cegar espiritualmente de tal forma que nosso coração é endurecido, às vezes a ponto de não ter volta. Devemos considerar nossos caminhos. Tenho um coração humilde? Guardo meu coração para assegurar que a carne não obstrua meu relacionamento com *Yeshua*? A mente afeta nosso pensamento, mas o coração afeta nosso destino! Quando nos encontramos envoltos no *talit*, estamos limpos e purificados ou estamos presos a algum tipo de pecado? Sim, somos limpos e purificados pelo sangue do Messias, mas será que estamos na mesma situação de Davi, o qual precisou ser confrontado a fim de perceber que precisava se arrepender de seu pecado com Bate-Seba (veja 2Samuel 12)? Será que nos colocamos sob o *talit* mesmo sabendo que ofendemos alguém e não pedimos perdão?

Que tipo de coração Deus deseja que seus filhos tenham? "Os sacrifícios que agradam a Deus são um espírito quebrantado; um coração quebrantado e contrito, ó Deus, não desprezarás" (Salmos 51:17).

Somos capazes de caminhar em humildade e submeter nossas ambições a *Yeshua* quando sabemos que somos amados. Sem amor nós nos sentimos irrelevantes e improdutivos. Começamos a nos comparar com outras pessoas – nossa aparência, nossas capacidades, nossas realizações, nossa riqueza ou nosso poder. Em vez de humildade, desenvolvemos cobiça e concupiscência, ambas manifestações do orgulho.

Fui abençoado por pais que me amavam e diziam ter orgulho de mim. Quando experimentamos o amor de nosso pai terreno, é mais fácil experimentar o amor do Pai celestial. No entanto, como seguidores de *Yeshua*, não importa o que experimentamos no passado, temos de compreender que adoramos um Deus que sacrificou a si mesmo por nós a fim de que pudéssemos passar a eternidade com ele. Esse é um amor maravilhoso! E o que ele espera de nós em troca?

> E agora, ó Israel, que é que o Senhor, o seu Deus, lhe pede, senão que tema [temor reverente] o Senhor, o seu Deus, que ande em todos os seus caminhos, que o ame e que sirva ao Senhor, o seu Deus, de todo o seu coração e de toda a sua alma, e que obedeça aos mandamentos e aos decretos do Senhor, que hoje lhe dou para o seu próprio bem?
>
> — Deuteronômio 10:12-13[2]

O *talit* é um objeto sagrado, e quem o usa deve andar em humildade perante Deus. Humilhar-nos diante de *Yeshua* é um processo, mas, se buscarmos *Hashem* em oração e até mesmo em jejum, ele purificará nosso coração. Humilhar-nos diante de *Yeshua* é uma atitude que nos colocará em um relacionamento mais profundo com ele.

Ao longo deste capítulo, vimos que o *talit* simboliza a proteção, a presença e a autoridade de Deus. Não podemos sequer compreender o quanto ele deseja nos amar, proteger e ter comunhão conosco. É difícil para qualquer um de nós imaginar o esplendor de sua glória. Pensa-se que, tal como no livro de Ester, onde o nome de Deus jamais é mencionado, há algo de "oculto" na presença de Deus. Contudo, quando recebemos essa *kesher* [ligação] com o divino por intermédio de *Yeshua*, somos abençoados ao experimentar a presença manifesta de *Hashem*. Ele é desde a Antiguidade – sempre foi, sempre é e sempre será.

Capítulo 4

Yeshua e o *talit*: cura em suas asas

Tudo que se refere ao mistério que experimentamos com o manto de oração aponta para *Yeshua*, o Mestre. O *talit* diz respeito somente a ele. Este manto representa a Palavra de Deus, e ele é a palavra viva. É bem provável que *Yeshua* estivesse sempre com um *talit* porque esse era um comportamento exigido pela Torá, e ele obedecia à lei de Moisés. Contudo, havia algo especial no *talit* do Mestre. Na Palavra de Deus, vemos casos de pessoas se aproximando para tocar a orla de seu manto, a *tsitsit*, a fim de serem curadas. Aquele era um ato profundo e repleto de fé que, conforme veremos neste capítulo, confirmava que *Yeshua* era, de fato, o Messias prometido.

As Escrituras dizem: "Mas para vocês que reverenciam o meu nome, o sol da justiça se levantará trazendo cura em suas asas" [Malaquias 4:2 (Malaquias 3:20 em algumas traduções)].

Interpreta-se *sol da justiça* como o Messias, e o termo hebraico para *asas* é *kanaph* ou *kanaphecha*. Por conseguinte, a interpretação do versículo seria esta: "Quando o Messias surgir, haverá cura por meio de suas *kanaph* ou *tsitsit*, a orla de seu *talit*". É por isso que os enfermos queriam segurar a orla do manto de *Yeshua*, a *tsitsit*, que representa a Palavra de Deus. Eles acreditavam que *Yeshua* era o Messias e que havia cura em suas "asas".

Lemos, no livro de Mateus:

> Nisso uma mulher que havia doze anos vinha sofrendo de hemorragia, chegou por trás dele e tocou na *tsitsit* do seu manto, pois dizia a si mesma: "Se eu tão somente tocar em seu manto, ficarei curada".
>
> Voltando-se, *Yeshua* a viu e disse: "Ânimo, filha, a sua fé a curou!" E desde aquele instante a mulher ficou curada.
>
> — Mateus 9:20-22

Tenho boas lembranças dos meus dez anos de idade, quando fui levado por meus pais para assistir ao filme *Ben Hur* no Radio City Music Hall. O que mais se destacou para mim foi que o Messias do filme tinha multidões de seguidores aonde quer que fosse, e os indivíduos que ele tocava eram curados. O filme, na verdade, estava me mostrando o cumprimento da Palavra de *Yeshua*:

> Quando os homens daquele lugar reconheceram *Yeshua*, espalharam a notícia em toda aquela região e lhe trouxeram os seus doentes. Suplicavam-lhe que apenas pudessem tocar na *tsitsit* do seu manto; e todos os que nele tocaram foram curados.
>
> — Mateus 14:35-36

Evidentemente, eu não fazia ideia do que essa passagem dizia, pois, como jovem judeu criado nos Estados Unidos em uma época pós-holocausto, nunca havia sido ensinado sobre *Yeshua*. Eu não tinha ideia de que o manto que ele usava era um *talit katan*, um manto que continha a *tsitsit* ou *kanaph*, e que havia cura pelo poder de sua Palavra.

Ainda hoje a cura vem pelo poder da Palavra. Embora o próprio *Adonai* seja aquele que cura – seu nome é *Adonai Rofecha*, "o Senhor que os cura" (Êxodo 15:26) – ele o faz por meio da Palavra de Deus.

Vemos até mesmo no *Tanach* que a cura vem pela Palavra de Deus. Considere este exemplo da vida do profeta Elias:

> Algum tempo depois o filho da mulher, dona da casa, ficou doente, foi piorando e finalmente parou de respirar. E a mulher reclamou a Elias: "Que foi que eu te fiz, ó homem de Deus? Vieste para lembrar-me do meu pecado e matar o meu filho?"
>
> "Dê-me o seu filho", respondeu Elias. Ele o apanhou dos braços dela, levou-o para o quarto de cima onde estava hospedado, e o pôs na cama. Então clamou a *Adonai*: "Ó *Adonai*, meu Deus, trouxeste também desgraça sobre esta viúva, com quem estou hospedado, fazendo morrer o seu filho?" Então ele se deitou sobre o menino três vezes e clamou a *Adonai*: "Ó *Adonai*, meu Deus, faze voltar a vida a este menino!"
>
> *Adonai* ouviu o clamor de Elias, e a vida voltou ao menino, e ele viveu. Então Elias levou o menino para baixo, entregou-o à mãe e disse: "Veja, seu filho está vivo!"
>
> Então a mulher disse a Elias: "Agora sei que tu és um homem de Deus e que a palavra de *Adonai*, vinda da tua boca, é a verdade".
>
> — 1Reis 17:17-24

Nessa passagem, vemos que Elias foi para a casa da viúva, levou o filho morto ao quarto onde estava hospedado e deitou-o sobre a cama. Em seguida, estendeu-se sobre o menino três vezes com seu *talit* e suplicou a *Adonai* que o curasse. Como sabemos que Elias estava usando um *talit*? Porque a cura se dá pela Palavra de Deus, representada pela *tsitsit*.

No *B'rit Chadashá* [Novo Testamento], as pessoas eram curadas quando *Yeshua* proferia a Palavra de Deus e quando elas tocavam a orla (*tsitsit*) de seu manto. Quando um homem com *tza'arat* [lepra] aproximou-se do Mestre implorando por purificação, *Yeshua* foi tomado por compaixão, estendeu a mão e o curou, possivelmente tocando-o com a *tsitsit*. Há uma unção de cura que vem por meio da *tsitsit*, mas esta cura vem por causa do desejo de *Hashem* de curar, não por causa da *tsitsit* ou de qualquer outro objeto sagrado.

O desejo de *Hashem* de nos curar é um dos maiores tesouros ocultos que descobrimos ao experimentar o mistério do manto de oração. Em Salmos 17:8, Davi clamou: "esconde-me à sombra das tuas asas". Os quatro cantos do *talit* são as "extremidades do manto", ou as "asas", ou a "saia", ou a "capa", que leva cura àqueles que habitam sob a sombra de suas asas. Também vemos essa verdade no Salmo 91, onde *Yeshua* promete nos proteger do veneno mortal. Ele declara que nos cobrirá com suas penas e que encontraremos refúgio debaixo de suas asas. *Yeshua* também nos diz para não temermos a peste que se move sorrateira nas trevas. Embora mil possam cair ao nosso lado e dez mil à nossa direita, ela não nos alcançará. Ele promete que nenhum mal nos sobrevirá e que nenhuma praga se aproximará de nossa morada. Então, conclui o salmo dizendo: "Vida longa eu lhe darei, e lhe mostrarei a minha salvação" (Salmos 91:16).

Hashem nos promete vida longa! Cura é um dom maravilhoso que sempre esteve disponível a nós, e *Yeshua* operou-a voluntariamente:

> Certamente ele tomou sobre si as nossas enfermidades e sobre si levou as nossas doenças; contudo nós o consideramos castigado por Deus, por Deus atingido e afligido. Mas ele foi transpassado por causa das nossas transgressões, foi esmagado por causa de nossas iniquidades; o castigo que nos trouxe *shalom* [paz] estava sobre ele, e pelas suas feridas fomos curados.
>
> — Isaías 53:4-5

Como podemos agradecer *Yeshua* por esse tesouro? Ele diz que, se nós o amarmos, cumpriremos seus mandamentos.

Na história da mulher que sofria de hemorragia havia 12 anos, lemos que *Yeshua* sentiu poder saindo dele quando a enferma tocou as franjas (*tsitsit*) de seu *talit* (Lucas 8:46). Outro tesouro oculto no mistério do manto de oração é o poder de Deus operando por nosso intermédio para que oremos e recebamos uma incrível experiência de cura para nós mesmos e para os outros. No entanto, quando lemos o relato de como o poder divino de cura saiu de *Yeshua* e entrou na mulher, a fim de que ela fosse curada, um possível problema se apresenta.

Levítico 15:19 diz que as mulheres com fluxo de sangue seriam consideradas impuras durante o período de sete dias, e qualquer pessoa ou objeto que as tocasse ficaria impuro até à tarde. Além disso, o homem que se deitasse com uma delas durante o *nidá* (estado ritual de impureza) também ficaria impuro por sete dias. Desse modo, como poderia *Yeshua*, que vivia uma vida perfeita, sem pecado, prosseguir para a casa de Jairo a fim de curar sua filha após ter sido tocado por uma mulher ritualmente impura? Creio que a resposta para essa pergunta pode ser encontrada no cabeçalho que antecede essa passagem em minha Bíblia, que é a versão *Tree of Life*. Ele diz que Jesus foi "Interrompido a caminho de um milagre":

> Quando *Yeshua* voltou, uma multidão o recebeu com alegria, pois todos o esperavam. Então um homem chamado Jairo, dirigente da sinagoga, veio e prostrou-se aos pés de Jesus, implorando-lhe que fosse à sua casa porque sua única filha, de cerca de doze anos, estava à morte. Estando Jesus a caminho, a multidão o comprimia.
>
> E estava ali certa mulher que havia doze anos vinha sofrendo de hemorragia e gastara tudo o que tinha com os médicos; mas ninguém pudera curá-la. Ela chegou por trás dele, tocou na *tsitsit* de seu manto, e imediatamente cessou sua hemorragia. "Quem tocou em mim?", perguntou *Yeshua*.

> Como todos negassem, Pedro disse: "Mestre, a multidão se aglomera e te comprime".
>
> Mas *Yeshua* disse: "Alguém tocou em mim; eu sei que de mim saiu poder". Então a mulher, vendo que não conseguiria passar despercebida, veio tremendo e prostrou-se aos seus pés. Na presença de todo o povo contou por que tinha tocado nele e como fora instantaneamente curada. Então ele lhe disse: "Filha, a sua fé a curou! Vá em *shalom*".
>
> Enquanto Jesus ainda estava falando, chegou alguém da casa de Jairo, o dirigente da sinagoga, e disse: "Sua filha morreu. Não incomode mais o Mestre".
>
> Ouvindo isso, *Yeshua* disse a Jairo: "Não tenha medo; tão somente creia, e ela será curada".
>
> Quando chegou à casa de Jairo, não deixou ninguém entrar com ele, exceto Pedro, João, Tiago e o pai e a mãe da criança. Enquanto isso, todo o povo estava se lamentando e chorando por ela. "Não chorem", disse *Yeshua*. "Ela não está morta, mas dorme." Todos começaram a rir dele, pois sabiam que ela estava morta.
>
> Mas ele a tomou pela mão e disse: "Menina, levante-se!" O espírito dela voltou, e ela se levantou imediatamente.
>
> — Lucas 8:40-55

Como Jesus poderia ter tocado a filha de Jairo e a curado sendo que estava cerimonialmente impuro em decorrência do contato com a mulher com hemorragia? A resposta poderia ser que, no momento em que Jesus foi "interrompido a caminho de um milagre" – o incidente da mulher com a hemorragia –, a filha de Jairo morreu. Talvez o milagre que *Adonai* estivesse determinado a mostrar era maior do que a cura da mulher com o fluxo de sangue – era ressuscitar uma menina dentre os mortos. Revelar seu poder de ressurreição era mais importante do que debates sobre seu estado de pureza ou impureza.

Também se acredita que a criança foi curada após ser envolta no *talit*. Alguns estudiosos afirmam que, quando *Yeshua* disse: "Menina, levante-se!", ele estava, na verdade, dizendo o seguinte em aramaico: "Menina envolta no *talit*, levante-se!" *Yeshua* teria falado tanto em hebraico quanto em aramaico, e a criança talvez já estivesse envolta em um *talit* para o sepultamento, o que era o costume. Isto é mais especulação do que fato, mas é uma ideia interessante. Faria sentido, pois *Yeshua* era aquele Unigênito sobre quem João escreveu o seguinte:

> No princípio era aquele que é a Palavra. Ele estava com Deus e era Deus. Ele estava com Deus no princípio. Todas as coisas foram feitas por intermédio dele; sem ele, nada do que existe teria sido feito. [...] Aquele que é a Palavra tornou-se carne e viveu entre nós. Vimos a sua glória, glória como do Unigênito vindo do Pai, cheio de graça e de verdade.
>
> —João 1:1-3,14

A cura da filha de Jairo é mais um exemplo de cura por meio da presença manifesta de Deus e do poder milagroso de sua Palavra. A Bíblia está repleta de milagres e curas, desde o início em *Bereishit* (Gênesis) até o último livro, o Apocalipse. Muitas destas curas milagrosas aconteceram a fim de que *Adonai* pudesse provar que *Yeshua* era realmente o Messias.

MILAGRES MESSIÂNICOS

O amor que *Hashem* tem por nós é inimaginável! Ele deseja absolutamente que dependamos dele para que, assim, possa cuidar de nós. Ele comunica este amor a nós por meio de seu livro, a Bíblia. *Hashem* nos mostra milagres para que saibamos que ele é maior do que a natureza ou qualquer coisa que ocorra no mundo natural. Ele cura para que compreendamos verdadeiramente que somente ele é vitorioso sobre todas as doenças. Ele mostra sua compaixão por nós e diz que nosso coração não precisa se atribular. Ele quer que vivamos nele, o que significa viver em paz eterna.

A medicina moderna mostra que, quando nosso coração e nossa mente estão perturbados e cheios de estresse e preocupação, nossa resistência às doenças diminui, estimulando ondas de enfermidades e aflições. É por essa razão que *Yeshua* nos manda guardar o coração e a mente, depositando nossa confiança nele (Filipenses 4:7). Quando alguém coloca o *talit* sobre a cabeça a fim de entrar em seu quarto de oração e segura a *tsitsit* clamando ao Mestre por cura, está demonstrando fé intensa naquele que pode curar! Sua obra concluída no madeiro (cruz) nos trouxe cura, perdão, restauração, justificação e reconciliação. Quando temos fé, o medo se esvai, e podemos caminhar na autoridade do *Ruach HaKodesh* com poder, amor e a mente sadia.

Quando o coração e a mente são curados, o corpo também é curado. O rabino Alfred J. Kotlatch observou que “o judaísmo rejeita a ideia de que as leis da natureza podem ser transgredidas. Desde a época talmúdica, os rabinos expressam opiniões de que os milagres da Bíblia não foram violações da natureza, mas acontecimentos programados nela no momento da criação”. A maioria dos rabinos e filósofos judeus ao longo das eras acredita que o próprio Deus não desejaria interferir em suas leis naturais.[1]

Sou judeu, nasci e fui criado como judeu. Passei pela circuncisão (*bris* ou *brit*) no oitavo dia de vida, celebrei o *bar-mitzvá* aos 13 anos e me casei como judeu em uma cerimônia judaica. Agora, eu vivo como judeu de formas mais tradicionais do que jamais vivi. Sempre acreditei e, naturalmente, continuo a acreditar que existe apenas um Deus!

Eu também sempre acreditei que *Hashem* é o Criador do universo e de tudo o que existe. Os milagres registrados na Bíblia foram operados somente pelo poder de Deus! Creio que o único Deus da Bíblia, o qual programou acontecimentos na natureza por ocasião da criação, poderia ter se programado milagrosamente para ser, ao mesmo tempo, Deus Pai no trono e Messias na terra.

A humanidade está inventando, descobrindo e avançando em todas as áreas em um ritmo muito mais rápido do que em qualquer outro período da história. Nossa sociedade está no meio de uma progressão intelectual astronômica que pode ser o início de sua queda. É possível acreditarmos que a humanidade é capaz de cada vez mais realizações, mas que o poder de Deus é limitado? O poder de Deus não mudou. A Escritura está repleta de histórias sobre *Yeshua* curando doentes, cegos e pessoas feridas, provando, mais uma vez, que ele é o Messias. Se ele fez isso naquela época, pode curar hoje também.

Cura do cego de nascença

Uma das minhas histórias favoritas sobre as curas milagrosas do Mestre é quando ele estava passando por determinado local e viu um cego de nascença. Pessoas haviam sido curadas de cegueira, mas somente o Messias poderia curar alguém nascido já nessa condição. Acreditava-se que, se um indivíduo nascesse cego, é porque ele ou seus pais tinham pecado. No entanto, *Yeshua* declarou que "Nem ele nem seus pais pecaram, mas isto aconteceu para que a obra de Deus se manifestasse na vida dele" (João 9:3).

Neste relato, o Mestre também declarou que era o Messias ao afirmar: "sou a luz do mundo" (João 9:5).

Mais uma vez, só Deus pode ser a luz do mundo, e a Escritura declara que Deus e o Messias são um! A cada vez que *Yeshua* curava alguém, ele usava um método criativo diferente para operar o milagre. A finalidade era mostrar que ele está no controle de tudo na natureza e que pode fazer qualquer coisa que ele e o Pai decidirem (lembre-se, eles são um!). Dessa vez, ele cuspiu no chão, formou lama com a saliva e espalhou-a sobre os olhos do cego. Em seguida, disse-lhe: "Vá lavar-se no tanque de Siloé" (João 9:7). Quando o homem voltou, milagrosamente conseguia enxergar.

As pessoas que o conheciam, vizinhos e amigos, ficaram espantadas. "Parece ele", devem ter dito, "mas não pode ser ele. É impossível! Ele era cego de nascença! Como é que isto aconteceu?" O homem respondeu contando-lhes o que *Yeshua* havia feito e dito. Ainda não podendo acreditar no que viam, eles o levaram perante os governantes fariseus. Quando os fariseus lhe perguntaram como fora curado, o homem respondeu do mesmo jeito, contando a mesma história, mas eles não acreditaram. Era *Shabbat*, o que significava que *Yeshua* não podia ser o Messias; todos sabiam que não era permitido curar no *Shabbat*. Aquilo era contra a lei rabínica!

Outros, entretanto, disseram que um pecador não seria capaz de operar sinais tão miraculosos (João 9:16). Eles perguntaram ao homem o que ele tinha a dizer sobre aquele que o havia curado, ao que respondeu: "Ele é um profeta" (João 9:17). Os líderes judeus ainda assim não acreditaram. Eles pensaram que, talvez, o homem não fosse cego de nascença e questionaram seus pais a respeito. No entanto, seus pais temiam os líderes, os quais já haviam determinado que quem professasse *Yeshua* como Messias seria expulso da sinagoga. Por este motivo, disseram: "Sabemos que ele é nosso filho e que nasceu cego. Mas não sabemos como ele pode ver agora ou quem lhe abriu os olhos" (João 9:20-21). Então, pediram aos líderes que inquirissem o próprio filho, visto que tinha idade suficiente para falar por si. Uma vez mais, eles perguntaram ao ex-cego as mesmas coisas. Dessa vez, o homem disse que não se importava se aquele que o curara era pecador ou não – ele havia nascido cego e agora podia ver!

Os fariseus continuaram pressionando-o, querendo saber o que *Yeshua* lhe fizera. Frustrado por não acreditarem no que dizia, o homem perguntou, com sarcasmo, se eles estavam interessados em se tornar um de seus discípulos e isso os deixou enfurecidos (veja João 9:26-28).

Os líderes religiosos podem ter tentado negar, mas seus esforços foram inúteis. Somente o Messias poderia curar um cego de nascença. Ao operar aquele milagre, *Yeshua* estava confirmando sua identidade como aquele cujo poder não é limitado. Ele ainda é capaz de fazer coisas abundantemente além do que poderíamos pedir ou pensar (Efésios 3:20-21).

Certo ano, enquanto eu e minha esposa orávamos por pessoas na conferência *Messiah*, em Grantham, Pensilvânia, uma mulher se aproximou de nós. Ela era escritora e havia recebido a notícia dos médicos de que estava perdendo a visão e ficaria cega. Isso já estava acontecendo havia algum tempo, e quase nada poderia ser feito para ajudá-la. Eu lhe disse que, como optometrista aposentado, clamaria e oraria pela cura de cada uma das estruturas de seus olhos. Na manhã seguinte, minha esposa encontrou com ela sem querer e, mais uma vez, orou em seu favor. Ela disse a Racquel que, quando oramos por ela na noite anterior, começou a acreditar que Deus a curaria.

Anos se passaram, e nós nos esquecemos da situação. Então, certo dia, recebemos um pacote pelo correio da mulher pela qual havíamos orado. Na carta, ela perguntava se nos lembrávamos dela e disse que havia, de fato, sido curada. Além disso, enviava dois livros que escrevera após a cura.

Yeshua opera milagres, e é nossa tarefa orar com confiança pelas pessoas, sabendo que o foco não está em nós mesmos ou no assunto da oração, mas nele e na realização de sua vontade! Quando seguramos as franjas do *talit*, estamos declarando que acreditamos na Palavra de *Yeshua* e que podemos ser tocados por *Hashem* e sermos curados!

Cura do leproso

Outro milagre messiânico que *Yeshua* operou foi a cura de um judeu leproso. Nenhum judeu havia sido curado de lepra (*tza'arat*) até *Yeshua* realizar esse milagre. (No *Tanach*, Naamã foi curado da lepra, mas ele era o comandante do exército do rei da Síria.) Lemos, no Evangelho de Lucas:

> Estando *Yeshua* numa das cidades, passou um homem coberto de (*tza'arat*). Quando viu *Yeshua*, prostrou-se com o rosto em terra e rogou-lhe: "Se quiseres, podes purificar-me".
>
> Jesus estendeu a mão e tocou nele, dizendo: "Quero. Seja purificado!" E imediatamente a (*tza'arat*) o deixou. Então *Yeshua* lhe ordenou: "Não conte isso a ninguém; mas vá mostrar-se ao *kohen* e ofereça pela sua purificação os sacrifícios que Moisés ordenou, para que sirva de testemunho".
>
> — Lucas 5:12-14

Não nos esqueçamos de que *Yeshua* estava usando seu *talit katan* naquele momento. Sabemos disto porque ele o usava todos os dias. O milagre foi realizado para que *Hashem* recebesse a glória. *Yeshua* ordenou ao homem que se apresentasse ao sacerdote (*kohen*), segundo a instrução da Torá:

> Disse *Adonai* a Moisés e a Arão: "Quando alguém tiver um inchaço, uma erupção ou uma mancha brilhante na pele que possa ser sinal de *tza'arat*, será levado ao *kohen* Arão ou a um dos seus filhos que seja *kohanim*."
>
> — Levítico 13:1-2

> Disse também *Adonai* a Moisés: "Esta é a *Torá* acerca da purificação de um *tza'arat*: Ele será levado ao *kohen*, que sairá do acampamento e o examinará. Se a pessoa foi curada da *tza'arat*, o *kohen* ordenará que duas aves puras, vivas, um pedaço de madeira de cedro, um pano vermelho e um ramo de hissopo sejam trazidos em favor daquele que será purificado.
>
> — Levítico 14:1-4

Não sabemos como os *kohanim* [sacerdotes] reagiram à cura do leproso, mas estou certo de que foi de uma maneira muito parecida com a reação dos líderes judeus diante da cura do cego de nascença. Como aquele pecador poderia curar um judeu de *tza'arat*? Somente o Messias poderia fazer isso!

Cura do endemoninhado

A maioria das pessoas que acredita em Deus também acredita que há seres espirituais que não podemos ver. É por isso que elas procuram o sentido da vida. Elas querem saber sobre as coisas que não vemos. As pessoas buscam respostas que possam ser verificadas. Na Antiguidade, elas estavam mais conscientes de anjos e demônios. Os anjos, naturalmente, eram sempre uma bênção, mas os demônios precisavam ser expulsos.

O Messias demonstrou sua autoridade espiritual falando com os demônios presentes nas pessoas e forçando-os a deixá-las. Foi isso que ele fez por um endemoninhado que era cego e mudo.

> Depois disso, levaram-lhe um endemoninhado que era cego e mudo, e *Yeshua* o curou, de modo que ele pôde falar e ver. Todo o povo ficou atônito e disse: "Não será este *Ben-David*?"
>
> — Mateus 12:22-23

Era, de fato, *Ben-David*, o Filho de Davi (outro título para Messias). Somente o Messias poderia realizar tal milagre. A maioria dos fariseus, naturalmente, rejeitou aquela cura por não acreditar que *Yeshua* fosse o Messias. Em vez de aceitar a verdade de quem o Mestre era, eles proclamaram que ele expulsava demônios por Belzebu (Satanás), o soberano dos demônios. *Yeshua* respondeu a isso dizendo: "Todo reino dividido contra si mesmo será arruinado, e toda cidade ou casa dividida contra si mesma não subsistirá" (Mateus 12:25).

Em seguida, perguntou-lhes: "E, se eu expulso demônios por *beelzebul*, por quem os expulsam os filhos de vocês?" Essa pergunta fazia sentido. Ele prosseguiu dizendo: "Mas, se é por *Ruach Elohim* que eu expulso demônios, então chegou a vocês o Reino de Deus" (Mateus 12:28). Tudo que *Yeshua* fez foi revelar quem era e dar glória ao Deus Pai.

Cura de Lázaro

Yeshua tinha um círculo de pessoas que o seguiam e estavam com ele quando operava milagres que somente ele poderia operar. Uma família próxima era formada por Miriam (Maria), aquela que o havia ungido com óleo e lhe enxugado os pés com seus cabelos (João 11:2); Marta, a mulher que tinha o dom de servir; e Lázaro, o amigo íntimo por quem *Yeshua* chorou. Quando Lázaro estava doente a ponto de morrer, suas irmãs pediram a *Yeshua* que viesse rapidamente a fim de que ele fosse curado.

Porém, quando tomou conhecimento da notícia, *Yeshua* sabia que a enfermidade traria glória para o *Ben Elohim*, o Filho de Deus. (Uma vez que *Yeshua* e Deus são um, toda a glória que vai para *Yeshua* vai para Deus.) Assim, ele permaneceu onde estava por mais dois dias, e, durante esse tempo, Lázaro morreu. Quando *Yeshua* chegou à casa de seus amigos, Lázaro já estava sepultado havia quatro dias.

Habitantes da Judeia vieram de todos os lugares para consolar Marta e Maria. Ao ver *Yeshua*, Marta queixou-se dizendo que, se ele tivesse chegado mais cedo, seu irmão não teria morrido. A isso, ele respondeu: "O seu irmão vai ressuscitar" (João 11:23). Mais uma vez ela protestou, afirmando saber que o irmão ressuscitaria na ressurreição dos últimos dias (o povo judeu sempre acreditou que haverá uma ressurreição dos mortos), mas que, se *Yeshua* tivesse chegado mais cedo, Lázaro ainda estaria vivo. *Yeshua*, então, respondeu: "Eu sou a ressurreição e a vida. Aquele que crê em mim, ainda que morra, viverá; e quem vive e crê em mim, não morrerá eternamente" (João 11:25-26). Após pronunciar essas palavras, ele perguntou se Marta acreditava nelas. Ela respondeu: "Sim, Senhor, eu tenho crido que tu és o Cristo, o *Ben Elohim* que devia vir ao mundo" (João 11:27).

Maria, então, veio ver *Yeshua* e também reclamou de sua chegada tardia, dizendo: "Senhor, se estivesses aqui meu irmão não teria morrido" (João 11:32). Quando *Yeshua* viu Maria e todos os outros moradores da Judeia chorando, ele também chorou. Todos perceberam como *Yeshua* amava Lázaro. Muitos estavam intrigados, perguntando-se por que aquele que havia aberto os olhos do cego de nascença não impedira a morte de Lázaro.

Yeshua, então, dirigiu-se ao túmulo para ver Lázaro. Marta protestou mais uma vez quando ele pediu que a pedra fosse removida, declarando que seu irmão já estava morto havia quatro dias, e o túmulo cheirava mal. *Yeshua*, entretanto, estava permitindo isso também para a glória de Deus, a qual foi revelada quando disse: "Não falei que, se você cresse, veria a glória de Deus?" (João 11:40). Então, chamou Lázaro para fora da sepultura, e ele veio. Seu amigo não apareceu em forma de múmia ou zumbi; Lázaro estava vivo!

Ao operar esse milagre, *Yeshua* fez algo que os judeus e fariseus sabiam que só poderia ser feito pelo Messias. Na Antiguidade, pessoas foram ressuscitadas, mas nunca alguém que havia estado no túmulo por mais de três dias. Somente o Messias poderia ressuscitar um indivíduo morto há quatro dias!

Cura do paralítico

em outra circunstância, um grupo de pessoas levou a *Yeshua* um paralítico deitado em uma maca. *Yeshua* viu a fé delas e disse ao homem que seus pecados estavam perdoados. Alguns estudiosos da Torá ouviram as palavras de *Yeshua* e consideraram-nas blasfêmia, pois só Deus ou o Messias, que é Deus, tem autoridade para perdoar pecados (veja Mateus 9:1-3). *Yeshua*, então, usou um princípio chamado *kal va-chomer*, utilizado em toda a Bíblia, mas registrado pela primeira vez pelo rabino Hilel antes da era comum em suas sete regras de hermenêutica. *Kal va-chomer* é um processo lógico de dedução. Segundo ele, se eu posso fazer uma primeira coisa, quão melhor seria se eu pudesse fazer uma segunda coisa, mais difícil do que a primeira?

Vemos esse processo em Mateus 9:5, quando *Yeshua* pergunta: "Que é mais fácil dizer: 'Os seus pecados estão perdoados', ou: 'Levante-se e ande'?" Obviamente, é mais fácil dizer que seus pecados estão perdoados porque ninguém realmente saberia se estão ou não. Contudo, quão melhor seria para *Yeshua* ordenar ao homem que pegasse sua maca e andasse? Se o homem não conseguisse fazê-lo, *Yeshua* não seria quem proclamava ser. Se fizesse a coisa mais difícil, certamente poderia fazer a mais fácil. Como sabemos, o homem foi curado. Ele tomou sua maca e caminhou e, mais uma vez, *Yeshua* provou que era o Messias, dando toda a glória a Deus!

YESHUA AINDA CURA

É verdade que Deus cura, mas ele deseja que mantenhamos um estilo de vida saudável. Daniel, por exemplo, alterou sua dieta e seu modo de viver a fim de permanecer em boa saúde e mente alerta enquanto esteve exilado na Babilônia. Nós também podemos ser chamados a fazer alterações em nossa dieta e estilo de vida para permanecer em boa saúde (ou recuperar a boa saúde) a fim de termos força suficiente para cumprir o propósito de Deus.

Há momentos, entretanto, em que Deus nos permite enfrentar provações de saúde com o objetivo de edificar nossa fé em seu poder de cura e cuidado. Sempre que estivermos diante de uma provação de saúde, devemos vê-la como Deus a vê e considerá-la "motivo de grande alegria [...] pois vocês sabem que a prova da sua fé produz perseverança" (Jacó [Tiago] 1:2-3).

Um colega de trabalho, certa vez, disse-me que sua esposa estava sofrendo de problemas estomacais havia mais de um ano. Ela já tinha consultado diferentes médicos, mas ninguém conseguia curá-la. Muitas vezes, sentia dores excruciantes. Na época, nós estávamos realizando cultos especiais de cura na sinagoga, e senti *Ruach Elohim* insistindo para que eu telefonasse para o homem e convidasse sua esposa a participar de nossos cultos. Eu lhe disse que realmente acreditava que *Hashem* faria algo especial.

O homem convenceu a esposa a comparecer, mas, no último minuto, ela sentiu dores tão terríveis que achou que não conseguiria ir. Quando me ligou para dizer isso, pedi que fizesse o possível para levá-la. Milagrosamente, a dor diminuiu o suficiente para que conseguissem ir. Durante o culto, eu a cobri com o *talit* que estava usando e orei com minha esposa por ela. A mulher se sentiu melhor no mesmo instante, mas ficou preocupada com como se sentiria no dia seguinte. Naquela noite, ela dormiu e acordou pela manhã sem dor alguma e, depois disso, nunca mais sentiu nada daquilo. Isto aconteceu há cerca de sete ou oito anos. Nós já vimos *Yeshua* operar por nosso intermédio para curar muitos tipos diferentes de enfermidades ao longo dos anos.

Assim como o Messias tinha autoridade para curar por meio de sua Palavra, nós também temos, pois somos seus filhos. Ele deu a seus discípulos autoridade para curar enfermos (Mateus 10:1,8; Lucas 9:1; 10:9), e, como seus filhos, nós também temos essa autoridade. Podemos orar pelos doentes com confiança, sabendo que Deus deseja que gozemos de boa saúde (3João 2) e que, por suas chagas, *fomos* sarados (Isaías 53:5; 1Pedro 2:24). Isto significa que a provisão para nossa cura já foi feita!

Ao envolver o *talit* em uma pessoa, pedir que segure a *tsitsit* com fé e orar para que ela seja curada, tanto você quanto ela precisam esperar que *Hashem* faça algo milagroso. No entanto, devemos lembrar que Deus está sobre o trono e pode curar quem quiser da maneira que preferir. Mesmo assim, temos uma chance maior de ver Deus operar milagres se orarmos pela cura com fé inabalável em seu poder e sua Palavra.

Em Isaías 38, lemos que Ezequias, um dos reis mais importantes de Israel, contraiu uma doença fatal. *Adonai* disse-lhe, por intermédio do profeta Isaías, que deveria colocar sua casa em ordem porque estava para morrer. Logo que ouviu a notícia, o rei começou a orar. Chorando amargamente, ele suplicou ao Senhor lembrando-o de como havia andado perante ele em verdade de todo coração. Após um breve tempo, *Adonai* disse a Ezequias, por meio de Isaías, que tinha ouvido suas orações e lhe permitiria viver mais 15 anos. Quando oramos com *kavaná* (com determinação, do fundo do coração), Deus nos ouve e responde!

Se desejamos experimentar cura do Mestre, devemos ter fé em sua Palavra. Não devemos apenas ouvir a Palavra de *Yeshua*, mas crer nela. Quando realmente acreditamos na Palavra de Deus com o mais profundo do ser, Deus pode operar curas milagrosas em nós e por nosso intermédio. Se estivéssemos muito enfermos, a ponto de beirar a morte, e nos dissessem que determinado remédio poderia nos ajudar, não há dúvida de que o encontraríamos, pagaríamos o preço que fosse e o tomaríamos pelo tempo necessário. O mesmo deve acontecer com relação ao remédio espiritual.

Se realmente acreditarmos na palavra de *Yeshua*, oraremos, intercedermos e batalharemos no âmbito espiritual por horas, dias ou até meses para receber a vitória. Deus usa a genialidade da medicina moderna e tratamentos terapêuticos, mas, muitas vezes, a plenitude da cura vem com uma batalha vitoriosa no domínio espiritual por meio de fé e oração.

Se você ou um ente querido estiver enfrentando uma aflição, lute espiritualmente em favor da cura. Coloque seu *talit*, segure a *tsitsit* e ore com fé intensa. Então, veja surgir o fruto da confiança na Palavra de Deus!

Capítulo 5

MITOS E CONCEPÇÕES ERRADOS SOBRE O *TALIT*

Apesar de todas as maravilhosas verdades espirituais reveladas no *talit*, existem também muitos mitos e concepções errados associadas a ele. Algumas histórias que circulam sobre o *talit* não são necessariamente falsas; simplesmente não podem ser comprovadas, e é por esta razão que eu as classifico como mitos. Pessoalmente acredito que há mérito em algumas alegações que discutiremos neste capítulo, e, às vezes, faço referência a essas histórias quando ensino. No entanto, sempre deixo claro que as histórias são possivelmente verdadeiras, mas não amplamente aceitas.

Assim, conforme exploramos as histórias a seguir sobre o *talit*, precisamos lembrar que quem crê no Messias deve confiar na Palavra escrita de Deus como autoridade da verdade. Todo o resto está em segundo plano. Não pode haver concessões. Podemos considerar essas histórias e até mesmo acreditar pessoalmente que sejam verdadeiras, mas não podemos permitir que comentários ou tradições religiosas tenham precedência sobre o que *Hashem* disse. Com este entendimento, vamos começar.

TALIT COMO LUZ DE DEUS

A presença de *Yeshua* é fulgurante. Quanto mais vivemos na santa presença de *Hashem*, mais refletimos seu fulgor resplandecente.

A Escritura diz: "Deus é luz; nele não há treva alguma. Se afirmarmos que temos comunhão com ele, mas andamos nas trevas, mentimos e não praticamos a verdade. Se, porém, andarmos na luz, como ele está na luz, temos comunhão uns com os outros" (1João 1:5-7). E: "Nele estava a vida, e esta era a luz dos homens. A luz brilha nas trevas, e as trevas não a derrotaram" (João 1:4-5). Por causa disso, alguns afirmam que Deus também usa um *talit*, mas esse *talit* é sua luz.

Diz-se que a luz de Deus é o *talit* de Deus porque o salmista declara que ele está "vestido de majestade e esplendor! Envolto em luz como numa veste, ele estende os céus como uma tenda" (Salmos 104:1-2). De acordo com esse ponto de vista, a luz do *talit* envolto nele era a luz de toda a criação, e todas as coisas foram criadas por meio dessa luz. Colossenses 1:15-19 costuma ser citado para sustentar esta afirmação:

> Ele é a imagem do Deus invisível, o primogênito sobre toda a criação, pois nele foram criadas todas as coisas nos céus e na terra, as visíveis e as invisíveis, sejam tronos sejam soberanias, poderes ou autoridades; todas as coisas foram criadas por ele e para ele. Ele é antes de todas as coisas, e nele tudo subsiste. Ele é a cabeça do corpo, que é a igreja; é o princípio e o primogênito dentre os mortos, para que em tudo tenha a supremacia. Pois foi do agrado de Deus que nele habitasse toda a plenitude.

A fim de explicar como Deus usou um *talit* de luz para criar tudo o que existe, alguns dizem que ele mesmo se envolveu em um manto de oração, e a luz irradiada desse manto difundiu-se por toda a existência, sem início ou fim. Outros dizem que Deus tomou a luz e estendeu-a como uma veste, e os céus continuaram a se expandir até que ele o interrompesse, citando Jó 37:3: "Ele solta os seus relâmpagos por baixo de toda a extensão do céu e os manda para os confins da terra". Conheço muitas pessoas que acreditam nisso, e eu compartilho a ideia porque acho útil considerá-la ao contemplar a maneira como Deus criou o mundo. No entanto, não há evidência factual para sustentar esses pontos de vista, e podemos ter certeza apenas das coisas que *Hashem* nos disse claramente em sua Palavra.

Outra lenda relacionada à ideia de que Deus usa um *talit* é a alegação de que ele usou um manto de oração com franjas quando apareceu a Moisés no monte Sinai, a fim de que este conseguisse compreender as instruções divinas para a confecção do manto vendo pessoalmente uma demonstração do *talit*. A Bíblia não diz explicitamente que Deus usava um *talit* quando apareceu a Moisés, mas temos de fazer outra pergunta: Como Deus se manifestou a Moisés? Creio que ele o fez na pessoa de *Yeshua* pré-encarnado. Por considerar que *Yeshua* obedecia às leis religiosas e sempre usava um *talit*, ele poderia, a meu ver, realmente ter aparecido a Moisés com um manto de oração. Portanto, quando Deus se revelou a determinados indivíduos por intermédio de *Yeshua*, ele provavelmente usava um *talit* – mas isso é apenas especulação.

Alguns também acreditam que Deus veste o *talit* como nós para que possa orar paralelamente às nossas orações. Isso pode ser verdade, mas, mais uma vez, não temos evidências bíblicas para sustentar a alegação. O que sabemos com base na Escritura é que o Messias está sempre intercedendo por nós, seja com ou sem *talit* (veja Romanos 8:34 e Hebreus 7:25).

YESHUA ENTROU EM JERUSALÉM COM O *TALIT*

Quando *Yeshua* entrou humildemente em Jerusalém pela última vez montado em um jumento, o povo colocou vestes e capas sobre o animal, e outros lançaram-nas ao longo da estrada que ele percorria. Nesta ocasião, a multidão clamou: "*Baruch haba b'shem Adonai!*" ["Bendito o que vem em nome do Senhor!"]. Muitos acreditam que as pessoas estavam, na verdade, lançando seus *talitot* de um lado para o outro para que *Yeshua* entrasse em Jerusalém sob a cobertura do *talit*.

Isto faz sentido, pois os *talitot* simbolizariam a unção de *Hashem* sobre *Yeshua* durante os preparativos para seu último ensino no templo, sua última Páscoa e sua crucificação. Todavia, não parece haver qualquer prova histórica ou bíblica disso, então, quando compartilho essa ideia, sempre me certifico de observar que não se trata de um fato, mas de uma possibilidade.

O *TALIT* DE ELIAS FOI PASSADO PARA JOÃO

O profeta Elias era, ao que tudo indica, um homem cabeludo, de voz estrondosa, que vestia um cinto de couro e um *talit*, o qual era feito de pelos de camelo para que não se deteriorasse. Alguns acreditam que o profeta transferiu essa veste sacerdotal – que, naturalmente, representava o nome e a Palavra de Deus – ao profeta Eliseu, o qual recebeu porção dobrada do espírito que estivera sobre Elias. Segundo a lenda, não havia quem recebesse o *talit* de Elias depois de Eliseu, então ele foi guardado no Lugar Santo no Altar do Incenso, próximo à menorá, até que surgisse alguém digno de usá-lo.

Quando Zacarias estava servindo como *kohen* [sacerdote] perante *Adonai*, um anjo de *Adonai* apareceu-lhe enquanto estava em pé ao lado direito do altar do incenso e disse-lhe que sua esposa, Isabel, daria à luz um filho que deveria ser chamado João (Yochanan). Supostamente, João (que passou a ser conhecido como João Imersor ou João Batista) era digno de usar o *talit* de Elias. Esta história não foi comprovada, mas é, sem dúvida, interessante!

YESHUA DEIXOU SEU *TALIT* NO TÚMULO VAZIO

Outra história popular sobre o *talit* está relacionada à ressurreição do Messias. Lemos, no Evangelho de João:

> No primeiro dia da semana, bem cedo, estando ainda escuro, Maria Madalena chegou ao sepulcro e viu que a pedra da entrada tinha sido removida. Então correu ao encontro de Simão Pedro e do outro discípulo, aquele a quem *Yeshua* amava, e disse: "Tiraram o Senhor do sepulcro, e não sabemos onde o colocaram!"
>
> Pedro e o outro discípulo saíram e foram para o sepulcro. Os dois corriam, mas o outro discípulo foi mais rápido que Pedro e chegou primeiro ao sepulcro. Ele se curvou e olhou para dentro, viu as faixas de linho ali, mas não entrou.
>
> A seguir, Simão Pedro, que vinha atrás dele, chegou, entrou no sepulcro e viu as faixas de linho, bem como o lenço que estivera sobre a cabeça de Jesus. Ele estava dobrado à parte, separado das faixas de linho. Depois o outro discípulo, que chegara primeiro ao sepulcro, também entrou. Ele viu e creu.
>
> —João 20:1-8

De acordo com a antiga tradição, se uma pessoa fosse convidada para jantar na casa de alguém e gostasse da refeição e da companhia, deveria amassar o guardanapo e deixá-lo sobre a mesa. Se não gostasse da refeição ou da companhia, deveria dobrar o guardanapo de pano e colocá-lo disposto sobre a mesa. Esse era um sinal de que ela teve uma experiência ruim e não retornaria.

Diz-se que, quando os discípulos chegaram ao túmulo vazio e viram o lenço de rosto (*talit*) dobrado e separado, eles entenderam que *Yeshua* estava dizendo: "Fui embora e nunca mais voltarei a este lugar". Em outras palavras: "A ressurreição está completa. Eu venci a morte, recebi a vitória por toda a criação e nunca mais farei isto!" Alguns afirmam que foi por isso que João "viu e creu". Não somente o corpo de *Yeshua* estava ausente, como havia ressuscitado e sua missão estava concluída. Esta história faz sentido e pode ser, de fato, verdade. Eu a incluo aqui porque, mais uma vez, não está claro na Escritura que isso é o que o Messias pretendia transmitir.

PAULO ERA UM FABRICANTE DE *TALIT*

Visto que a palavra *talit* pode ser definida em aramaico como "pequena tenda", alguns supõem que o rabino Shaul (o apóstolo Paulo) foi um fabricante de *talit*, não um fabricante de tenda, conforme o significado literal do termo. Isto é possível, mas não encontrei fato definitivo que sustente esta conclusão. Tanto o *talit* quanto a tenda são tipos de cobertura, mas esta é a única relação que encontrei para embasar, mesmo que remotamente, a alegação.

A *TSITSIT* EQUIVALE A 613

Os números hebraicos representam valores diferentes. Muitos rabinos afirmam que a *tsitsit* no *talit* representa os mandamentos porque a palavra hebraica para *tsitsit* (צִיצִית) tem o valor numérico de 613, e este é o número dos mandamentos. Isto parece fazer sentido, uma vez que o propósito da *tsitsit* é nos lembrar de cumprir os mandamentos de *Hashem*.

Foi da seguinte forma que eles fizeram o cálculo:

- Cada *tzadhe* (צ) tem um valor numérico de 90; havendo dois, o total é 180.
- Cada *yod* (י) tem um valor numérico de dez; havendo dois, o total é 20.
- O *tav* (ת) tem um valor numérico de 400.

Juntos, os elementos da palavra totalizam o número 600. Em seguida, há oito cordões pendentes na *tsitsit* e cinco nós. Isso dá 13, que, adicionado aos 600, resulta em 613, o número dos mandamentos.[1]

Mais uma vez, esse é um cálculo mais rabínico do que bíblico. A existência de uma correlação intencional entre o número de *tsitsit* e o número de mandamentos deve ser deixada à especulação. O que de fato sabemos é que o *talit* nos lembra de confiar em Deus e honrá-lo sendo obedientes a sua Palavra!

TALIT COMO CAPA

Outra história comum sobre o *talit* afirma que ele era utilizado para identificar as pessoas que possuíam licença para mendigar. Nesta passagem de Marcos 10, lemos sobre a interação de *Yeshua* com um mendigo cego chamado Bartimeu.

> Então chegaram a Jericó. Quando *Yeshua* e seus discípulos, juntamente com uma grande multidão, estavam saindo da cidade, o filho de Timeu, Bartimeu, que era cego, estava sentado à beira do caminho pedindo esmolas. Quando ouviu que era *Yeshua* de *Natzeret*, começou a gritar: "*Ben-David, Yeshua*, tem misericórdia de mim!" Muitos o repreendiam para que ficasse quieto, mas ele gritava ainda mais: "*Ben-David*, tem misericórdia de mim!"

Yeshua parou e disse: "Chamem-no".

E chamaram o cego: "Ânimo! Levante-se! Ele o está chamando". Lançando sua capa para o lado, de um salto pôs-se em pé e dirigiu-se a *Yeshua*.

"O que você quer que eu faça?", perguntou-lhe *Yeshua*.

O cego respondeu: "*Rabboni*, eu quero ver!"

"Vá", disse *Yeshua*, "a sua fé o curou". Imediatamente ele recuperou a visão e seguiu *Yeshua* pelo caminho.

— Marcos 10:46-52

Acredita-se que, naquela época, quem desejasse obter sustento público por meio de mendicância deveria comparecer perante as autoridades da região e se apresentar com prova documentada de sua invalidez ou deficiência. No entanto, em vez de receber uma licença em forma de certificado, a pessoa a recebia em forma de capa, a qual tinha cor e estilo predeterminados. Alguns alegam que a capa que Bartimeu lançou fora ao ouvir a voz de *Yeshua* foi a "documentação" de sua cegueira. Eles dizem que Bartimeu deu uma grande demonstração de fé ao lançá-la fora antes de *Yeshua* tocá-lo, e foi esse ato de fé que mexeu com o coração do Messias, ocasionando a cura.

Não tenho provas irrefutáveis de que os mendigos usavam determinados *talitot* como documentação de sua incapacidade. Disto, porém, sei: *Hashem* responde à nossa fé. Quando estamos dispostos a andar com fé e confiança na Palavra de *Yeshua*, vemos o poder divino de operar milagres em nossa vida.

Fica evidente, nas histórias que compartilhei, que muitas pessoas reconhecem que o *talit* é uma veste especial com significado espiritual para aqueles que o buscam compreender. Contudo, devemos lembrar uma vez mais que, embora o *talit* seja um objeto sagrado, não existe poder nele. O poder reside em *Hashem* e em nossa escolha de honrá-lo obedecendo sua Palavra, submetendo-nos à sua proteção e autoridade e buscando-o em oração. O *talit* não é a Palavra nem o poder de Deus, mas deve ser tratado com honra e respeito porque representa *Hashem* e sua Palavra.

Capítulo 6

JORNADA DE FÉ SOB O *TALIT*

Tudo relacionado ao mistério do manto de oração aponta para *Yeshua*, o Mestre. Nós nos colocamos sob o *talit* de *Yeshua* por meio de seu sangue e de seu amor. O *talit* diz respeito somente a ele. Ele é a representação da Palavra de Deus, e *Yeshua* é a Palavra viva de Deus. Por representar Yeshua, o *talit* reflete a presença, a proteção, o poder, a cobertura, a cura, a esperança, o perdão e o amor de *Hashem*. Por meio de fé e confiança, recebemos seu favor, sua misericórdia, seu perdão, sua compaixão e seu amor eterno.

Nessa vida, enfrentaremos provações e tribulações e precisaremos lutar para sermos pacientes e aguardar a resposta de Deus aos nossos problemas. Embora possamos desejar evitá-las, essas lutas ajudam nossa fé a crescer. Fé é crer no invisível e confiar nas promessas de Deus antes mesmo de vê-las se materializando. Quando confiamos no Deus vivo, milagres e sinais maravilhosos acontecem, os quais, por sua vez, ajudam-nos a edificar nossa fé.

A fé foi um rio que cruzou toda a minha vida, mas passou a ser uma parte maior e mais pessoal dela quando comecei minha emocionante jornada com *Yeshua*. Antes mesmo de eu realmente conhecer o Mestre, as mãos de *Hashem* estavam sobre mim. Consigo lembrar de muitas situações nas quais ele estava me dirigindo, ora em direção a alguma coisa, ora para longe de alguma coisa. Na década caótica e politicamente tumultuada de 1970, eu decidi viajar de Buffalo à Califórnia com um amigo. Faltavam apenas algumas semanas para eu me formar na Universidade Estadual de Nova York, em Buffalo, e obter meu diploma de bacharel em psicologia.

Durante a viagem, paramos em Ohio e visitamos a Universidade de Kent e a Universidade de Ohio. Estávamos curtindo a viagem, mas, em determinado ponto, senti que *Hashem* estava me mandando voltar para Buffalo e receber meu diploma. Eu obedeci. Poucos dias depois da semana que eu e meu amigo passamos ali, vários alunos foram mortos no famoso tiroteio de 1970 na Universidade de Kent.

Todos nós precisamos do conselho do Mestre, e ele deseja nos orientar. Às vezes, ouvimos; às vezes, não. Porém, quer reconheçamos sua voz ou não, ele está sempre presente!

A Escritura diz que "Sem fé é impossível agradar a Deus, pois quem dele se aproxima precisa crer que ele existe e *recompensa aqueles que o buscam*" (Hebreus 11:6, ênfase acrescentada). Minha sogra é um exemplo perfeito disso. Iris era uma judia que aparentemente sempre creu em Deus, mas nunca teve um verdadeiro relacionamento pessoal com ele. Em seus últimos anos, ela enfrentou solidão, dores e sofrimentos próprios da idade, bem como o inevitável declínio gradual dos principais sistemas do corpo. Não obstante, sua mente permaneceu lúcida. Ela era uma pessoa dominadora que sempre declarou sua opinião – independentemente de os outros quererem ouvi-la ou não – até o fim da vida.

Ela compareceu a muitos de nossos cultos e palestras ao longo da vida e adorava meus "discursos" – como os chamava. Infelizmente, durante muitos anos, ela conviveu com um medo terrível da morte, a ponto de não querer dormir por temer não acordar mais. A bênção, entretanto, chegou aos 98 anos de idade quando ela recebeu *Yeshua* em seu coração. De uma hora para outra, minha sogra passou por uma marcante mudança de personalidade! Ela se tornou mais amorosa, atenciosa e gentil. Sempre que falava comigo e com minha esposa, suas palavras eram repletas de amor e ela não conseguia parar de dizer o quanto nos amava. Houve uma época em que Racquel e sua mãe não estavam sequer se falando, e, portanto, esta mudança trouxe uma tremenda cura para minha esposa!

A despeito da nova fé de minha sogra, ela ainda temia a morte. No entanto, pouco tempo depois de seu incrível aniversário de 100 anos, ela recebeu uma maravilhosa paz por meio da fé em *Yeshua*, a qual lhe possibilitou adormecer sem medo e voltar seu olhar para o reino espiritual, preparada para partir rumo ao seu lar eterno. Após alguns dias nessa sublime tranquilidade, ela viajou através das dimensões de paz e bênção eternas com o Criador. Iris foi recompensada por causa de sua fé, levada àquilo "que esperamos e a prova das coisas que não vemos" (Hebreus 11:1).

TODOS SERVIMOS A ALGUÉM

A fé tem a ver com luz e trevas, bem e mal. Bob Dylan disse que todos têm de servir a alguém, quer ao diabo, quer ao Senhor. Em quase todos os filmes há uma batalha entre o bem e o mal, ou a luz e as trevas. Em filmes mais antigos, o vestuário era evidência de qual lado o personagem estava; os bons vestiam branco e os maus vestiam preto. Deus, entretanto, é todo luz. Escuridão é ausência de luz. Quando Deus reinar no milênio, não haverá trevas. Sua presença produzirá luz contínua. Não haverá necessidade de luz das estrelas no céu nem do sol ou da lua, pois ele irradiará luz.

Nós precisamos escolher a quem serviremos nesta vida. Escolheremos viver com *Yeshua* ou será que escolheremos rejeitar o Mestre e passar a eternidade longe dele? Conforme declarei anteriormente, tudo remete ao *Gan Eden*, quando Adão e Eva foram instruídos a comer livremente de toda árvore no jardim, mas a evitar a *Etz haDaat tov V'ra* [árvore do conhecimento do bem e do mal]. Adão precisou determinar sua prioridade; obedecer a *Hashem* ou a seus próprios desejos e tentações. Ele escolheu a segunda opção e provou o fruto de seu desejo.

Yeshua é aquele que traz unidade a todas as coisas, resultando no brilho de sua luz. O espírito do antimessias procura desviar a humanidade dos caminhos de Deus desde o jardim. Todas as adversidades que Abraão, Isaque, Jacó, José, Saul, Davi, Salomão e Israel enfrentaram até, e incluindo, a morte de *Yeshua* foram tentativas de derrotar os propósitos de Deus. Porém, Deus obteve a vitória por meio do Messias!

Muitas de nossas dificuldades humanas apresentam dúvidas em sua raiz. Dúvida é resultado da falta de fé (*emuná*, אמונה) ou confiança (*bitachon*, בטחון). Sem fé ou confiança verdadeira, nós nunca seremos capazes de decidir qual caminho seguir na vida. Engano, mentira, depressão, divisão, ira, amargura e frustração – tudo isto provém do espírito do antimessias, cujo propósito é nos desviar do caminho de Deus e nos fazer amaldiçoar seu nome (*chilul Hashem*, que significa "profanar o nome de Deus").

Mesmo quando ainda não conhecia *Yeshua*, eu tinha fé em *Hashem* e muitas de minhas decisões foram baseadas nessa fé. Não é o medo ou a adversidade que nos faz tomar o caminho errado; é a dúvida ou a falta de fé. Sem dúvida, seríamos capazes de atravessar o fogo se soubéssemos que estamos seguindo o caminho desejado por *Hashem*.

Yeshua disse: "E conhecerão a verdade, e a verdade os libertará" (João 8:32). No entanto, quando conhecemos a verdade apenas parcialmente, abrimo-nos – o coração, a mente e o espírito – a dúvidas e decepções.

O adversário de Deus usa a dúvida para nos conduzir à decepção. Se a árvore proibida fosse simplesmente chamada árvore do conhecimento do mal, Adão e Eva talvez teriam feito a escolha certa, pois as pessoas querem evitar o mal. No entanto, a árvore proibida era a do conhecimento do bem e do mal. O adversário levou Adão e Eva a questionar se realmente tinham conhecimento de tudo o que era bom, e isso os levou a duvidar da Palavra de Deus.

O pecado, então, fez com que eles se escondessem de Deus. Como, porém, poderiam se esconder de alguém cuja presença está em toda a parte? A dúvida leva ao pensamento enganador, e o pensamento enganador leva a decisões erradas! Por exemplo, podemos ter fé que Deus existe, mas talvez não confiemos nele o suficiente para nos render ao seu controle soberano. Por não fixarmos os olhos nele como autor e consumador de nossa fé (Hebreus 12:2), a verdade fica obscurecida, e tentamos resolver os problemas por conta própria.

O *talit* nos lembra a Palavra de Deus, e *Yeshua* é a Palavra viva. Ao descobrir os mistérios do manto de oração, devemos lembrar de sempre andar com fé em *Yeshua*, não com dúvida ou medo. *Hashem* extrairá bondade e beleza de todas as nossas provações e lágrimas. Sua Palavra diz isso. Ela afirma que ele nos dará "uma bela coroa em vez de cinzas, o óleo da alegria em vez de pranto, e um manto de louvor em vez de espírito deprimido. Eles serão chamados carvalhos de justiça, plantio de *Adonai*, para manifestação da sua glória" (Isaías 61:3).

Entrar na presença de *Hashem* usando o *talit* nos faz entrar no lugar secreto com *Yeshua*. Isso, por sua vez, edifica nossa fé e transforma nossas dúvidas em certeza. Quando embarcamos em nossa jornada de fé em busca da Luz eterna, perene, devemos entender que o início do caminho é sempre envolto em trevas. Treva é ausência de luz, e a humanidade retirou-se da Luz no *Gan Eden. Yeshua* é a Luz, e *Adonai* prometeu nos dar "os tesouros das trevas, riquezas armazenadas em locais secretos, para que você saiba que eu sou *Adonai*, o Deus de Israel, que o convoca pelo nome" (Isaías 45:3).

Essa caminhada de fé tem suas provações e tribulações. Às vezes há tanta escuridão que não conseguimos ver o que está diante de nós. Todavia, pela fé, damos passos e seguimos em frente. Quando eu e minha esposa sentimos o chamado para deixar Palm Beach Gardens e nos mudar para Orlando, na Flórida, não fez sentido para nós. Contudo, por fé, preparamo-nos e demos os passos para avançar no caminho que o Mestre tinha para nós. Havia trevas adiante, e abrimos mão de muita coisa, visto que a maior parte de nossa família residia no sul da Flórida. As peças de xadrez sobre o tabuleiro de *Yeshua* foram reorganizadas, mas encontramos muitos de seus "tesouros das trevas" conforme prosseguimos na fé.

O Todo-Poderoso humilhou-se para viver conosco como ser humano e enfrentar trevas, pobreza e provações constantes – desde a infância, vivendo em meio a crueldades e rejeição, até uma morte horrível no madeiro (cruz) – com o objetivo único de se identificar conosco e possibilitar que sua luz, a qual existia antes da criação, também fosse nossa. Conforme nos identificamos com *Hashem*, passamos das trevas à luz, e ele nos permite provar sua presença e vislumbrar sua *kavod*, sua glória. Nesse lugar secreto, com a cabeça coberta pelo *talit*, podemos experimentar sua *kavod*!

ESTILO DE VIDA DE FÉ

Certa vez, eu e Racquel fomos a Atlanta palestrar e tivemos uma semana de ministério intenso graças ao fogo e poder do *Ruach*

HaKodesh. Na volta para a casa das bondosas pessoas que nos haviam convidado, a estrada estava muito movimentada. O tráfego era intenso e chovia muito. Eu estava dirigindo pela faixa da esquerda e decidi mudar para a direita a fim de diminuir a velocidade. Ao olhar pelo espelho retrovisor, reparei que o carro atrás de mim parecia estar derrapando e vindo em minha direção. Liguei a seta para indicar que mudaria para a faixa da direita, mas meu carro também patinou e não havia mais espaço para a conversão.

Tenho certeza de que não havia espaço para manobrar meu carro para a faixa da direita. No entanto, *Yeshua* apareceu para empurrar o carro da frente e diminuir a velocidade do carro de trás e, assim, colocar meu carro bem onde deveria estar; entre os dois carros na faixa da direita. Nossa adrenalina foi a mil, mas simplesmente agradecemos *Yeshua*. Poderíamos ter dito que tivemos "sorte" ou, então, agradecido àquele que nos protegeu. Optamos pela segunda opção.

Fé é um estilo de vida. É um caminho que escolhemos seguir. É uma convicção de que não existe coincidência. Uma pessoa de fé acredita que cada acontecimento é uma "divincidência". No exemplo anterior, nós tivemos sorte ou Deus orquestrou nossa segurança? Fé é saber que *Hashem* está conosco aonde vamos, bem como dar-lhe glória e graças por tudo. Muitas vezes, quando enfrentamos problemas, atribuímos nossas lutas a *Hashem*. Isso acontece porque colocamos ídolos de pedra dentro do coração. Tais ídolos são o orgulho e o intelecto. *Hashem* disse a seu povo: "e não levantem nenhuma coluna sagrada, pois isto é detestável para *Adonai*, o seu Deus" (Deuteronômio 16:22). Deus detestava colunas de pedra porque elas representavam os ídolos dos homens, coisas em que confiavam mais do que nele. Temos de nos livrar dos ídolos existentes em nosso coração e permitir que *Yeshua* nos guie.

Quando andamos por fé, andamos na autoridade do Reino de Deus, o que nos permite ver seu poder demonstrado em nossa vida e seu nome glorificado na terra. Muitas vezes, a fé em *Hashem* e em sua Palavra fará com que sejamos ridicularizados, desprezados e considerados ingênuos. Sempre que nos depararmos com escárnio em nossa caminhada de fé, devemos lembrar de sempre refletir *Yeshua* em nossa reação. Ele é o Pastor (João 10:11), e nós somos as ovelhas de seu pasto (Salmos 100:3). Devemos seguir seu exemplo.

A despeito da possibilidade de sermos zombados por seguir *Yeshua*, trilhar o caminho de fé não é um sinal de fraqueza. É uma expedição de compromisso, submissão, obediência e sacrifício. Nós somos feitos de corpo, alma (pensamentos e emoções) e espírito. Quando escolhemos o caminho de fé e confiança, nosso espírito, que está ligado ao espírito dele, domina sobre a mente e as emoções, e somos capazes de produzir frutos duradouros para o Reino de Deus!

Minha fé e a de Racquel foi testada repetidas vezes ao longo de nossos 30 anos servindo a *Yeshua*. Houve momentos em que sentimos vontade de desistir, mas, em vez de nos render ao adversário de *Hashem*, continuamos a ter fé em *Yeshua*. Perseveramos em sua Palavra, crendo que as coisas que ele disse são verdadeiras e começamos a ver a glória de Deus (João 11:40). Milagres aconteceram em nossa vida porque cremos em *Yeshua*. Foi como *Adonai* disse a Moisés: “Estará limitado o poder de *Adonai*? Agora você verá se a minha palavra se cumprirá ou não” (Números 11:23). Vez após vez, vimos sua palavra se cumprir conosco!

Yeshua deseja operar milagres na vida de todos nós. Na maioria dos casos, é nossa dúvida ou incredulidade que o impede de cumprir sua perfeita vontade em nós. Por causa de nossa fé, eu e minha esposa enfrentamos uma crise na família cerca de 30 anos atrás. Apesar da desolação que aquilo nos trouxe ao coração e ao espírito, alguém nos pediu que fôssemos ao hospital visitar um desconhecido na mesma noite em que estávamos enfrentando nossa provação pessoal. A família do homem nos chamou porque ele estava em seu leito de morte e não conhecia o Mestre. Nosso coração estava pesado com a própria dor, mas sabíamos que aquela era uma questão de vida ou morte eterna, então nos deslocamos até o hospital e apresentamos o homem a *Yeshua*, e ele o aceitou.

Quando se vive uma vida de fé, torna-se necessário batalhar pela fé (Judas 3). Foi isso que tivemos de fazer quando a família estava em crise. Durante essa época, minha esposa em particular tinha uma ferida emocional no coração que não sarava. Oramos para que a situação mudasse. Jejuamos, choramos e imploramos a *Adonai*, mas nada parecia mudar. Certo dia, Racquel disse a *Hashem* que, mesmo se a situação não melhorasse, ela ainda assim o amaria e serviria. Três dias depois, Deus respondeu as orações para nossa família! A reconciliação que buscávamos aconteceu há mais de dez anos, e esses relacionamentos são agora tremendamente abençoados e se fortalecem a cada dia que passa.

Temos de ter fé ativa na Palavra de Deus para que possamos testemunhar milagres. Eu e minha esposa aprendemos que devemos colocar nossa fé em prática para a glória dele. Assim como o homem com a mão atrofiada estendeu-a para receber cura, nós devemos crer ativamente em Deus para experimentar suas vitórias gloriosas em nossa vida (veja Mateus 12:9-14)!

Nossa fé em *Yeshua* será testada. Porém, cada desafio de vida é uma oportunidade de crescer com o Mestre e tornar-se mais semelhante a ele. A qualidade de nossa vida não depende de situações externas. Não depende de seu ritmo ser tranquilo ou caótico. Depende de como nos conduzimos ao enfrentar frustrações e provações na vida. Cada teste é destinado a aperfeiçoar nosso caráter. Essa verdade é representada em um filme maravilhoso, de partir o coração, chamado *Ushpizin* [Visitantes], o qual assistimos a cada *Sukkot* [Festa dos Tabernáculos]. No filme, Moshe e Mali Bellanga formam um casal pobre que deseja muito um filho, e Moshe enfrenta provação após provação. A gota d'água é quando deixam de receber uma quantia esperada e, sem dinheiro, eles não conseguem pagar as contas nem se preparar para a *Sukkot*.

Moshe cobre a cabeça com seu *talit* e clama a Deus por ajuda. Mais tarde, o casal ganha um dinheiro com o qual não contava logo antes da *Sukkot*, possibilitando os preparativos para a festa. Porém, chegam visitantes inesperados do passado de Moshe, os quais criam muitos desafios. No fim da história, ele persevera, passa no teste da fé e, no tempo devido, recebe a bênção mais gloriosa do *Hashem* – um belo filho.[1]

Em cada situação difícil, pergunte-se: "Como posso permitir que este ocorrido me deixe mais parecido com *Hashem*?" Quando sua fé foi desafiada, Moshe Bellanga cobriu a cabeça com o *talit* e clamou a *Hashem*. Quando as situações parecem não ter esperança, vista seu *talit*, olhe para a *tsitsit* e saiba que Deus está com você e que a Palavra dele nunca muda. Receba seu amor prometido. Com ele, não há desesperança.

A situação deve ter parecido sombria para os *talmidim*, os discípulos de *Yeshua*. Eles esperavam e acreditavam que *Yeshua* fosse o Messias, o Redentor de Israel. No entanto, ele havia sido crucificado, morto e sepultado. Chegou, então, o terceiro dia depois de todo o ocorrido. Esse poderia ter sido o golpe fatal à fé deles. Com frustração pesando no coração, os discípulos se preparavam para deixar Jerusalém. Porém, o Messias apareceu-lhes.

Segundo Lucas 24:13-31, ele até mesmo caminhou com alguns deles sem que percebessem!

Você se identifica? Você, alguma vez, já esperou que Deus resolvesse uma situação em sua vida e acreditou que ele o faria, mas passou a perder o ânimo enquanto aguardava pela resposta? O que fazemos quando, apesar de já termos esperado, orado e crido, tudo parece estar desabando? Devemos entender que *Yeshua* permanece conosco. Ele caminha ao nosso lado e fala conosco. Ele nos traz esperança por meio de nossa fé. Quando há alvoroço em nossa vida, devemos batalhar pela fé (Judas 3). Permanecer firmes na fé em *Yeshua* traz paz. Sempre que o invocamos, ele está próximo, desejando dar-nos sua *shalom* – sua paz perfeita.

Em um instante, *Yeshua* pode enviar sua palavra fazendo com que uma grande luz brilhe e, assim, com que toda a escuridão desapareça. Sempre que sentimos desespero, é porque achamos que não há mais esperança. Desesperança é escuridão, é acreditar que Deus está ausente. No entanto, quando nos colocamos sob o *talit* e clamamos a *Yeshua* com fé, ele pode instantaneamente lançar luz sobre nossa situação e trazer cura.

CONFIE EM *YESHUA*

Confiança (*bitachon*) é a consciência de que o Deus em que cremos é onipresente, onisciente e onipotente. Ele é o Criador de todas as coisas e tem o controle sobre tudo.

O casamento de nossa caçula foi um momento em que houve grande necessidade de fé. Aquela cerimônia foi a mais magnífica que já presenciei. Tudo estava lindo e de primeira qualidade. No entanto, quando se faz parte de algo tão extraordinário no domínio físico, é preciso estar alerta para a probabilidade de guerra no domínio espiritual. É em horas como essa que a fé precisa ser forte!

Primeiro, eu seria o rabino a celebrar o casamento. Enquanto preparava meus pensamentos, o computador decidiu parar de funcionar. Infelizmente, estou habituado a enfrentar esse tipo de problema em momentos cruciais, então orei e consegui resolvê-lo. Depois, na noite da sexta-feira anterior ao casamento, eu sonhei que estava tentando ir a algum lugar. O sonho me fez sair da cama e eu tropecei no lençol, caí e bati a cabeça na quina do criado-mudo do hotel. Por estar sangrando, precisei descer para pedir um *kit* de primeiros socorros. Felizmente, na hora do casamento eu já estava bem. Cobri a cicatriz com a maquiagem da minha esposa, e ninguém percebeu.

Infelizmente, esse não foi o último obstáculo. No dia do casamento, precisei dar uma corrida até o clube de campo para verificar algo relacionado à cerimônia. Enquanto retornava ao hotel, o carro à minha frente desrespeitou o sinal vermelho e atingiu outro veículo. Desnecessário dizer que minha adrenalina foi a mil! Vidros foram estilhaçados, e os carros ficaram amassados, mas todos pareciam estar bem. Naquela manhã, fiz uma longa caminhada de oração como era meu costume, rogando por todos aqueles que compareceriam ao casamento. Por fé, cri que tudo seria esplêndido – e, de fato, foi.

Fé em Deus é saber que ele existe, ao passo que confiança é saber que ele está no controle de sua vida. Confiar em Deus é imprescindível para a guerra espiritual. Não podemos fingir que a guerra espiritual não existe. Ela existe, e nós obtemos a vitória por meio de nossa confiança nele e das armas que ele nos deu (veja 2Coríntios 10:3-6 e Efésios 6:11-18)!

A líder de oração Rebecca Greenwood escreveu que

> mesmo quando não sabemos ou vemos todas as coisas que nos foram prometidas – quando oramos durante anos por uma resolução específica e nada acontece, quando as circunstâncias da vida estão caminhando no sentido oposto que deveriam caminhar, quando as pessoas nos decepcionam ou traem, quando estamos enfrentando épocas difíceis do ponto de vista financeiro – podemos colocar nossa esperança e confiança no Senhor e esperar que ele será fiel em nosso favor.[2]

Podemos fortalecer nossa confiança em *El Shaddai* sempre que nos envolvermos no *talit*, olharmos para a *tsitsit* e nos lembrarmos da Palavra de Deus. Assim como devemos ser fiéis obedecendo ao que *Hashem* nos ordenou, ele é fiel cumprindo o que prometeu. Ele proverá para nós, nos protegerá e nunca nos deixará.

Na Torá, *Adonai* instruiu Moisés a enviar espias à terra que estava dando a Israel. O povo de Israel sabia que Deus existia e tinha visto os milagres que ocasionaram seu livramento da escravidão egípcia. Deus também havia concedido alimento e água todos os dias e impedido que as roupas dos israelitas se desgastassem! No entanto, quando os 12 espias – cada um representando uma tribo de Israel – exploraram a terra prometida, dez trouxeram um relatório negativo. Somente dois, Josué e Calebe, trouxeram um relatório positivo. Os dez viram todos os obstáculos e ficaram amedrontados e intimidados, mas os dois tinham um espírito diferente. Estes consideraram os obstáculos uma forma de *Adonai* mostrar seu poder e sua glória. Eles tinham um espírito de *bitachon*, ou confiança, na Palavra de *Adonai*.

Confiar em *Hashem* na vida cotidiana é saber que ele está no trono e nunca nos deixará nem nos abandonará. O Senhor cumpriu sua promessa e levou os filhos de Israel para a terra prometida, mas puniu a geração incrédula determinando que ela peregrinasse pelo deserto durante 40 anos, até morrer.

> ADONAI respondeu: "Eu o perdoei, conforme você pediu. No entanto, juro pela glória de ADONAI que enche toda a terra, que nenhum dos que viram a minha glória e os sinais milagrosos que realizei no Egito e no deserto, e me puseram à prova e me desobedeceram dez vezes – nenhum deles chegará a ver a terra que prometi com juramento aos seus antepassados. Ninguém que me tratou com desprezo a verá. Mas, como o meu servo Calebe tem outro espírito e me segue com integridade, eu o farei entrar na terra que foi observar, e seus descendentes a herdarão.
>
> — Números 14:20-24

Os únicos membros daquela geração que entraram na terra da promessa foram Josué, que sucedeu Moisés, e Calebe, que tinha "outro espírito". Deus os levou para a terra prometida por causa de sua confiança nele.

Quando confiamos em *Yeshua*, significa que recebemos nossa segurança de Deus e, com ela, sua *shalom* e sua libertação de qualquer forma de ira ou ansiedade. Temos de escolher entre dois caminhos. Podemos escolher o caminho da dúvida e incredulidade ou podemos fixar o olhar em *Adonai* em seu santo templo (Salmos 11) e viver em sua presença e em seu poder. Yeshua disse: "não se preocupem com o amanhã, pois o amanhã trará as suas próprias preocupações. Basta a cada dia o seu próprio mal" (Mateus 6:34).

Entre na presença dele sob o *talit*. Ele fará abundantemente mais do que podemos pedir ou imaginar pelo seu poder que opera em nós (Efésios 3:20). Confie nele. Domine a incredulidade. Reconheça todos os pecados em sua vida e se arrependa deles, de modo que nada obstrua sua comunicação com ele. Você pode ser liberto de qualquer tipo de ira, amargura, ressentimento, raiva, medo e outros sentimentos negativos, pois "nele vivemos, nos movemos e existimos" (Atos 17:28). Confie nele!

A ansiedade e a raiva ocupam espaço em nossa mente. Elas nos impedem de usar os dons que *Yeshua* nos concedeu para sua glória porque nos concentramos em nossos problemas e necessidades em vez de focar em sua vontade e seu amor por nós. A confiança, em contrapartida, deixa-nos livres para servir a *Yeshua* de todo o coração, de toda a alma, de todo o espírito e com toda a força. Quando podemos servi-lo sem entraves, estamos mais propensos a dar frutos em nossa caminhada com ele, pois podemos ouvir sua voz e, assim, obedecer à sua vontade.

Qual espírito opera em você? Você escolhe a fé e a confiança ou o medo e a ansiedade? Todos nós devemos nos esforçar para ser como Calebe, o qual tinha "outro espírito" e seguia a *Hashem* "com integridade". Ser uma pessoa de fé fará uma diferença profunda na sua qualidade de vida!

CREIA NA PALAVRA DE *YESHUA*

Vestir o *talit* é um sinal de crença na Palavra de *Adonai*. Ele simboliza o Mestre estendendo sua *tsitsit* ou *kanaph* ou a orla de seu manto, a qual representa a Palavra de *Adonai*. Quando usamos o *talit* para determinado fim, indicamos nossa confiança na verdade e no poder da Palavra de Deus. Demonstramos nossa fé!

Adonai transmitiu uma mensagem ao profeta Ezequiel, ordenando-lhe: "confronte Jerusalém com suas práticas detestáveis" (Ezequiel 16:2). Deus disse:

> Mais tarde, quando passei de novo por perto, olhei para você e vi que já tinha idade suficiente para amar; então estendi a minha capa sobre você e cobri a sua nudez. Fiz um juramento e estabeleci uma aliança com você, palavra do Soberano, ADONAI, e você se tornou minha.
>
> — Ezequiel 16:8

Hashem transmitiu essa mensagem a Israel porque queria que o povo se lembrasse de onde viera. Ele estava usando Ezequiel para repreender Israel por ser rebelde e para lembrar as pessoas de que elas lhe pertenciam. Ele havia estendido sua capa, seu *talit* espiritual, sobre Israel. Se o povo tão somente andasse por fé e não pelos desejos maus do coração, experimentaria sua bênção!

Nos últimos dias, conforme as trevas continuarem se alastrando pelas nações, pessoas de todo o mundo irão a Jerusalém em busca do favor de *Adonai*:

> Assim diz *Adonai-Tzva'ot* [Senhor dos Exércitos]: "Naqueles dias, dez homens de todas as línguas e nações agarrarão firmemente a barra das vestes de um judeu e dirão: 'Nós vamos com você porque ouvimos dizer que Deus está com o seu povo'".
>
> — Zacarias 8:23

Por que as pessoas desejarão agarrar a *tsitsit* dos judeus? É porque o *talit* representa a Palavra de Deus, e haverá um grande reavivamento no qual o povo judeu e, em seguida, todas as nações terão os olhos, os ouvidos e o coração espirituais mais uma vez abertos para compreender a riqueza de sua Palavra – a Torá, os Profetas, os Escritos e a Nova Aliança – e receber o Mestre no coração.

Quando eu estava fazendo fisioterapia para a fascite plantar, perguntei ao profissional sobre um certo tipo de faixa que, segundo ouvira falar, promovia a cura ao ser colocada sobre a região afetada. O fisioterapeuta respondeu dizendo que, na verdade, existe uma faixa que se coloca nas costas a fim de manter a postura na posição correta. Quando as costas estão corretamente alinhadas, a marcha é corrigida, auxiliando, assim, a cura de problemas na coluna, nos joelhos ou nos pés. Isso me lembrou da finalidade do *talit*, ou da palavra de *Adonai*. A Palavra deve ser nosso guia e tutor, mantendo-nos no caminho do *Hashem*. Quando nos desviamos do caminho, o *Ruach HaKodesh* age como aquela faixa especial e nos coloca de volta na posição de alinhamento se estivermos dispostos a ouvir e obedecer.

Yeshua disse: "Pois a quem tem, mais será dado, e terá em grande quantidade. Mas a quem não tem, até o que tem lhe será tirado" (Mateus 25:29). Aquele que escuta a Palavra de *Adonai* tem sabedoria espiritual porque a recebe pela fé, a qual vem por ouvir a Palavra do Messias. Porém, aquele que não a escuta não recebe sabedoria espiritual, e a sabedoria espiritual que porventura tiver será tomada. Por conseguinte, podemos compreender por que as nações desejarão agarrar a orla do manto (*tsitsit*) dos judeus nos últimos dias. Aqueles que quiserem segurar a *tsitsit* do *talit* serão aqueles que escutam e obtêm sabedoria espiritual de *Yeshua*, e, conforme sua Palavra diz em Mateus 25, eles a receberão em abundância!

ESPERE A RESPOSTA DE DEUS

Hashem quer que transbordemos de esperança pelo poder do *Ruach HaKodesh*. É esta esperança que nos dá a enorme expectativa das coisas maiores que estão por vir. Devemos retornar à resiliente e corajosa esperança que os pais de nossa fé tiveram a partir de Abraão. O mundo inteiro hoje está desesperadamente à procura de esperança e necessitado de uma fé forte e resistente. *Yeshua* é o Mestre da esperança.

Você está permitindo que medo ou insegurança o impeçam de fazer aquilo a que Deus o chama? Devemos permanecer nos trilhos. Devemos manter e fortalecer nossa fé nele. Não devemos permitir que provações e tribulações alterem nossa direção.

Sabemos que provações virão, mas "Feliz é o homem que persevera na provação, porque depois de aprovado receberá a coroa da vida, que Deus prometeu aos que o amam" (Jacó [Tiago] 1:12). Devemos continuar a "batalhar pela fé". Devemos nos fortalecer e edificar nossa santíssima fé orando no *Ruach HaKodesh*.

Durante muitos meses, eu e minha esposa oramos pelo bebê que haveria de ser concebido no ventre de nossa caçula. Diariamente, quando orávamos por nossa filha e nosso genro, também incluíamos o bebê nas súplicas. Nós orávamos com esperança. Certo dia, durante a oração, *Yeshua* me instruiu a orar pelo bebê que *já havia sido concebido* em seu ventre. Quando contei isso à Racquel, ambos acreditamos que nossa filha estava grávida e, algumas semanas mais tarde, descobrimos que de fato ela estava!

Devemos orar com fervor e segurar a orla do *talit* de *Yeshua* com expectativa. A grande esperança que *Yeshua* nos deu é esta: quando o buscarmos fielmente, ele responderá.

Capítulo 7

Talit como ponte

Há alguns anos, a Gesher Shalom, congregação que lidero, organizou uma Noite de Israel em uma grande igreja batista de nossa cidade. Quase 2 mil pessoas compareceram, e nosso espaço não poderia acomodar uma multidão daquele tamanho. Por essa razão, perguntamos ao pastor da igreja batista, um amigo nosso, se poderíamos usar seu templo para a reunião. Ele gentilmente permitiu, e, como agradecimento, nossa sinagoga o presenteou com um belo *talit* e orou por ele enquanto eu o envolvia em seu novo manto de oração. Ao receber o presente, ele comentou: "Esta é a coisa mais judaica a se fazer".

De fato, o *talit* costuma ser oferecido como forma de abençoar uma pessoa e mostrar os sentimentos que se tem em relação a ela. No entanto, ao presentear o pastor com um *talit*, eu também estava reconhecendo que somos irmãos em *Yeshua* e estamos unidos em seu amor.

Há quase 15 anos, a Messianic Jewish Alliance of America [Aliança Judaica Messiânica dos Estados Unidos] mantém a tradição de convidar um palestrante cristão para uma das sete sessões plenárias vespertinas de nossa conferência internacional, a Messiah Conference, realizada anualmente em Grantham, Pensilvânia. Todos os anos, nós presenteamos o orador com um *talit* e oramos por ele. Esse é um momento de bênção e unção. E, sim, presentear alguém com um *talit* é a coisa mais judaica que podemos fazer!

Um pastor muito conhecido, de um ministério internacional imenso, foi presenteado com um *talit*. Ele ficou extremamente grato, a ponto de dizer que me considerava seu rabino. Ele falou que, sempre que vier à minha região para pregar, eu já estarei convidado e, caso compareça, terei um assento reservado lá na frente.

Por que estou compartilhando esses relatos? Porque eles nos lembram de que o *talit* é um dos tesouros de *Yeshua* capaz de nos conectar a outros grupos no domínio espiritual. Do *Gan Eden* em diante, houve divisão e separação; entre o homem e Deus, entre o homem e o homem, entre o homem e a mulher, entre a terra de Israel e a nação de Israel, entre o povo de Israel e *Yeshua*. No corpo do Messias, há divisão por preconceito em relação à cor, origem, utilização dos dons do Espírito, classe, cultura e teologia. Quando duas partes que estiveram em oposição direta durante milhares de anos unem-se sob o *talit* de Deus, isso representa uma *gesher shalom*, uma ponte (*gesher*) de paz (*shalom*), que só poderia surgir por meio da obra do Messias.

Isso é o que acontece em todo *Shabbat* em minha congregação. Quando nós – tanto os que nasceram judeus quanto os que não nasceram judeus – nos unimos sob o *talit* para a bênção aarônica (de Números 6:24-26, que começa assim: "O Senhor te abençoe e te guarde [...]"), vemos uma *selá*, ou uma pausa no tempo. Todas as divisões são interrompidas. A Palavra de Deus nos cobre enquanto estamos unidos sob o estandarte de *Yeshua*, o Messias. Não há separação porque, durante aqueles poucos segundos sagrados, os filhos de *Hashem* – de diferentes sexos, cores, classes, culturas e filosofias, todos rendidos ao mesmo Deus – estão em harmonia, com uma única mente e um único coração, como um novo homem.

Essa é a vontade do coração de *Yeshua*; que sejamos *echad* [um] como ele é *echad*. Nos últimos anos, houve uma nova onda de divisão e ódio entre vários grupos. Os noticiários estão repletos de assassinatos e tentativas de homicídio, todo tipo de violência e assédio sexual, divisão política, raiva, amargura e indignação. Mais uma vez, o antissemitismo está mostrando seus dentes, ocasionando torturas terríveis e demoníacas de pessoas que professam fé em *Adonai*. Existe toda sorte de batalhas absurdas sobre o "politicamente correto". Essa é uma realidade que poderia ser transformada de modo muito simples.

Se cada um de nós tão somente se rendesse por completo ao verdadeiro Pai de toda a criação, colocando-se sob o *talit* do Mestre, uma mudança milagrosa ocorreria. Por causa do pecado da humanidade, *Adonai* dizimou uma geração inteira com o dilúvio, mas prometeu nunca mais voltar a fazê-lo. Depois, ele enviou seu Messias, *Yeshua*, para derramar sangue sobre o altar do tabernáculo celestial e, assim, realizar a justificação de nossos pecados a fim de que pudéssemos nos colocar sob seu *talit* de amor.

O *talit* simboliza uma ponte unificadora. *Yeshua* cobre todo aquele que decide se colocar sob seu *talit*, sua *chupá*, e recebê-lo como Salvador. Em *Yeshua*, vemos diferentes tipos de pessoas tornando-se *echad* assim como ele e o Pai são *echad*. Seu estandarte sobre nós é o amor (Cântico dos Cânticos 2:4)! Parece muito primário, mas este é o mistério maravilhoso que aqueles que vieram antes de nós sempre desejaram desvendar. Se verdadeiramente nos rendêssemos a *Yeshua*, permitíssemos que ele renovasse nossa mente e recebêssemos seu espírito, experimentaríamos esta incrível união nele e poderíamos ser usados como vasos para cumprir seus propósitos.

TALIT DE *YACHAD* (UNIDADE) NO MONTE SINAI

Imagine um quadro pendurado em uma parede com uma linda pintura do monte Sinai e uma luz sendo irradiada dele. Ao se aproximar, você vê que o monte Sinai é composto pelos cinco livros de Moisés e o nome de cada um deles está escrito em hebraico. Você também vê cinco pessoas que parecem estar ao pé da montanha. Cada uma delas está cobrindo a cabeça com um *talit* e o rosto delas está voltado para a montanha. Ao olhar ainda mais de perto, você percebe que, entre essas cinco pessoas e o pé da montanha, há milhões de indivíduos, todos usando seu próprio *talit*. A luz aparenta ser um brilho divino que emana do topo da montanha em direção às suas extremidades, e o povo parece estar coberto por essa luz. Espessas nuvens de glória, que representam a presença de *Adonai*, estão acima da montanha.

Um amigo muito especial deu a mim e Racquel essa pintura de Israel em meados da década de 1990. Ela é absolutamente magnífica, e nós a penduramos em uma parede bem visível da casa. A gravura me inspirou a pensar sobre o *talit* como uma ponte, pois as "multidões" ao pé do monte Sinai eram compostas pelo povo judeu de Deus e por indivíduos de outras nações que passaram a acreditar no Deus de Abraão, Isaque e Jacó após testemunhar o poder que ele demonstrara livrando seu povo do Egito. Desde o início, era plano de *Shaddai* unir Israel e as nações. Para mim, a luz divina na pintura simboliza o *talit* de *Yeshua* cobrindo todo o seu povo como uma única família unida em sua presença!

Esse encontro no monte Sinai ocorreu na primeira *Shavuot* [Festa das Semanas], no terceiro mês após o povo judeu ter sido liberto do Egito. Israel havia acampado no deserto bem em frente à montanha:

> Logo Moisés subiu o monte para encontrar-se com Deus. E *Adonai* o chamou do monte, dizendo: "Diga o seguinte aos descendentes de Jacó e declare aos *Bnei-Yisrael*: Vocês viram o que fiz ao Egito e como os transportei sobre asas de águias e os trouxe para junto

de mim. Agora, se me obedecerem fielmente e guardarem a minha aliança, vocês serão o meu tesouro pessoal dentre todas as nações. Embora toda a terra seja minha, vocês serão para mim um reino de *kohanim* e uma nação santa." [...]. O povo todo respondeu unânime: "Faremos tudo o que *Adonai* ordenou". E Moisés levou a *Adonai* a resposta do povo.

— Êxodo 19:3-6,8

Todo o povo respondeu em unidade e harmonia. A resposta foi que ele "faria e obedeceria" (*na'aseh v'nishma*) tudo o que *Adonai* dissera. Você consegue imaginar 3 milhões de judeus e as multidões em pleno acordo? Houve trovões, relâmpagos, fumaça, fogo e longos sopros de *shofar* na revelação no Sinai.

TALIT DE *YACHAD* EM JERUSALÉM

Após 1.500 anos, mais uma vez na *Shavuot* [Festa das Semanas], algo semelhante aconteceu no templo em Jerusalém (Atos 2). Dez dias antes de os *talmidim* [discípulos] partirem rumo a Jerusalém, eles estavam unidos em oração. Na *Shavuot*, eles ainda estavam em harmonia, ou "unânimes" (Atos 2:46, ARA), tal como a multidão no Sinai 1.500 anos antes. Homens devotos de todas as nações estavam, mais uma vez, reunidos, e *Adonai*, por intermédio do *Ruach HaKodesh*, estava intensamente presente. O som de um vento forte encheu o local, e línguas de fogo desceram sobre eles.

Em seguida, milhares de judeus se arrependeram de seus pecados e se dedicaram às instruções de *Yeshua*, ouvidas por meio dos *shlichim* [apóstolos], ao partir do pão e à oração. Eles se tornaram parte da comunidade messiânica e estavam em harmonia, tendo tudo em comum. Todos os dias, passavam tempo juntos no templo e iam de casa em casa para adorar, orar, louvar a Deus e ter comunhão. Uma vez mais, homens e mulheres judeus e pessoas de outras nações tinham, todos, um único coração.

Quando há unidade, o poder e o fogo de *Shaddai* podem se manifestar de uma forma extremamente impressionante e eficaz. Um dos problemas governamentais que temos hoje é o fato de que a maioria dos políticos não consegue entrar em acordo e, como consequência, questões importantes não são abordadas. Parafraseando o Mestre, o povo dividido cairá (Marcos 3:24-25). *Yeshua* quer que sejamos como aqueles que estavam ao pé do monte Sinai e especialmente como aqueles que estavam no templo em Jerusalém. Ele quer que abandonemos nossos hábitos arrogantes a fim de que possamos ser *echad* como ele é *echad*.

Humildade traz unidade. Quando nos humilhamos uns perante os outros e perante *Adonai*, experimentamos favor (*chen*) aos olhos de Deus e aos olhos dos outros crentes. Então, começamos a amar uns aos outros como o Mestre ordenou. A unidade resultante é tremendamente poderosa. Quando ela passa a existir, acontecem milagres, sinais e prodígios, e o fogo e o poder de Deus ficam tão evidentes que todo o louvor, glória e honra são apenas para ele!

GESHER

Em 1995, esta inspiração sobre *yachad* [unidade] fez com que eu e minha esposa começássemos nosso ministério, o Gesher International. Como as Escrituras dizem, "*Hinei ma tov umanaim shevet achim gam yachad*", isto é, "Como é bom e agradável quando os irmãos convivem em união!" (Salmos 133:1). Nosso objetivo era construir pontes no corpo espiritual do Messias e conduzir um ministério de reconciliação, conforme descrito pelas Escrituras: "Tudo isso provém de Deus, que nos reconciliou consigo mesmo por meio de Cristo e nos deu o ministério da reconciliação" (2Coríntios 5:18).

Na Bíblia, a unidade é comparada ao óleo precioso que é posto sobre a cabeça e escorre pela barba. Os dois se unem e é difícil separá-los. A unidade também é comparada ao orvalho que cai sobre a grama. *Hashem* está dizendo que a unidade é algo a ser retido, e uma vez que estamos unidos, não devemos ser separados. O orvalho caindo sobre a grama também supõe que a unidade nos ajuda a crescer. Como irmãos, precisamos resolver nossas diferenças e nos render humildemente a *Adonai*. Unidade é o desejo dele para nós, e qualquer desejo dele deve ser nossa prioridade máxima.

O rabino e líder hassídico Nachman de Breslau, do século 18, disse: "O mundo inteiro é uma ponte muito estreita; o importante é não ter medo"[1]. A missão do Gesher International é servir de ponte entre corações por meio do ministério de reconciliação. Com educação e a construção de relacionamentos, podemos diminuir nossas diferenças e aumentar nossas semelhanças. Ao servirmos de ponte entre os corações, o medo será substituído por confiança e amor. Então, poderemos nos aproximar do coração do Messias a fim de ser *echad*, conforme exemplificado por *Yeshua* e pelo Pai.

A finalidade de uma ponte (*gesher*) é unir duas partes e transformá-las em uma (*echad*). Por exemplo, a ponte na armação de um par de óculos une as duas lentes e os apoios auriculares a fim de que essas partes funcionem como uma única peça e proporcionem uma visão binocular única e simultânea. Quando recitamos o *Shemá*, estamos dizendo: "*Shema Yisrael* A*DONAI* *Eloheinu Adonai Echad*" ["Ouve, ó Israel, o Senhor é nosso Deus, o Senhor é único"]. Se *Adonai* está dizendo a Israel que é *echad* – unidade ou composto de um – certamente ele deseja que todo o seu povo também o seja. Seu propósito sempre foi nos unir em uma única mente; não em uniformidade, mas em unidade.

PONTE PARA ISRAEL

Sempre foi propósito de *Hashem* que Israel permanecesse unido em uma só mente e um só coração. Isto aconteceu quando, em um único dia, Israel ressurgiu como nação na terra dada por Deus, conforme predito na Escritura:

> "Antes de entrar em trabalho de parto, ela dá à luz; antes de lhe sobrevirem as dores, ela ganha um menino. Quem já ouviu uma coisa dessas? Quem já viu tais coisas? Pode uma nação nascer num só dia, ou, pode-se dar à luz um povo num instante? Pois Sião ainda estava em trabalho de parto, e deu à luz seus filhos. Acaso faço chegar a hora do parto e não faço nascer?", diz *Adonai*. "Acaso fecho o ventre, sendo que eu faço dar à luz?", pergunta o seu Deus. "Regozijem-se com Jerusalém e alegrem-se por ela, todos vocês que a amam; regozijem-se muito com ela, todos vocês que por ela pranteiam".
>
> — Isaías 66:7-10

Israel foi unido na terra, mas, infelizmente, nossa alma, mente e emoções pecaminosas nos mantiveram separados desde então. Jerusalém foi e sempre será a capital de Israel, mas muitos querem dividir a terra. Todos os que lutam contra o direito de Israel de possuir a terra lutam contra o Deus de Israel. Aqueles que boicotam Israel, privam-no de direitos e aplicam-lhe sanções, fazem-no contra o Deus de Israel. Não importa a qual igreja, sinagoga ou denominação você pertença. Não importa o que suas opiniões intelectuais ou políticas lhe digam. O que importa é sua obediência à Palavra de Deus.

Adão e Eva cometeram o mesmo erro, o qual vem afetando a humanidade há quase 6 mil anos! *Será que Deus realmente disse isso?* Essa é a mesma pergunta que o adversário fez no jardim. Lembre-se: "não há nada novo debaixo do sol" (Eclesiastes 1:9)!

Você realmente acha que pode vencer uma batalha contra *Hashem*? A palavra dele nunca muda. Ela é a mesma ontem, hoje e eternamente! Quando lutamos contra Israel, estamos lutando contra sua palavra; quando lutamos contra sua palavra, estamos comendo o fruto da árvore do conhecimento do bem e do mal e, consequentemente, lutando contra ele! *Hashem* disse: "Abençoarei os que o abençoarem e amaldiçoarei os que o amaldiçoarem; e por meio de você todos os povos da terra serão abençoados" (Gênesis 12:3).

Não é por acaso que o *talit* está refletido na bandeira de Israel. Nela, há uma estrela de Davi azul sobre um fundo branco, situado entre duas faixas azuis. A cor azul nos lembra do corante tradicionalmente usado no *tekhelet*. Ao pensar mais uma vez sobre a pintura do monte Sinai – com a imagem da luz divina, as nuvens de glória e o fogo à noite brilhando sobre os israelitas reunidos com o povo debaixo das asas de *Hashem* (seu *talit*), povo este composto tanto por israelitas quanto por "forasteiros residentes" – posso imaginar a bandeira de Israel tremulando orgulhosamente sobre todos ali presentes com um único pensamento e um único coração. Como esse dia seria glorioso! Esse tipo de unidade é possível porque *Yeshua* já derrotou o adversário na esfera espiritual e tornou-se a ponte que possibilitará a Israel e as nações se colocarem sob a *chupá*, o *talit* de *Yeshua HaMashiach* [Messias], como sua noiva.

PLANO DE *HASHEM* PARA A UNIDADE

> Então disse Deus: "Façamos o homem à nossa imagem, conforme a nossa semelhança. [...] Criou Deus o homem à sua imagem, à imagem de Deus o criou; homem e mulher os criou".
>
> — Gênesis 1:26-27

Quando Deus criou o homem e colocou Adão no paraíso perfeito, era desejo dele que a humanidade fosse um tipo de Israel, uma civilização que prevalecesse com ele. Sua vontade era que tivéssemos união uns com os outros e com *Yeshua*, que fôssemos um com ele e o Pai. Segundo a Escritura, o homem devia deixar o pai e a mãe e se unir à esposa (Gênesis 2:24). Eles deviam ser um – tanto um com o outro, quanto com *Yeshua*. No entanto, quando a mulher, Eva (Chava), caiu no engano e violou o mandamento de Deus, sendo seguida por Adão, iniciou-se uma divisão na criação que subsistiu por toda a história.

O poder da vitória do Mestre sobre o adversário trouxe o bálsamo de cura de *Yeshua* sobre toda a separação ou divisão no domínio espiritual, mas ele ainda está trazendo este bálsamo sobre o domínio físico. A separação física será totalmente resolvida quando começarmos a habitar com *Yeshua* no milênio. No sétimo dia dos últimos mil anos (o *Shabbat*), nós descansaremos em *Yeshua*, e ele descansará em sua criação como o fez no sétimo dia da criação.

A partir do momento em que o pecado separou o homem de Deus no jardim, uma ponte se fez necessária para restaurar a unidade que existia no paraíso. Houve separação até mesmo entre a árvore da vida e a árvore do conhecimento do bem e do mal. A humanidade não era confiável e, portanto, foi expulsa do *Gan Eden*. Além disso, *Adonai Elohim* colocou *cheruvim* à entrada do jardim para proteger o caminho à árvore da vida com espadas flamejantes.

O pecado de Caim ao matar o irmão Abel foi resultado da separação existente no domínio espiritual e manifesta no domínio físico. O pecado e o mal estavam desenfreados na época de Caim. Porém, *Hashem* tinha um plano. Adão e Eva geraram outro filho, chamado Sete. Sete, por sua vez, também teve um filho, ao qual chamou Enos. Nesse ponto, algumas pessoas começaram a orar e clamar a Deus.

Nas dez gerações entre Adão e Noé, a maldade do homem havia se tornado grande na terra, e cada intenção dos pensamentos do coração era continuamente má (Gênesis 6:5). A inclinação para o mal (*yetzer hara*) foi resultado da separação de *Adonai*, ocorrida no jardim. O mal piorou cada vez mais até que, na geração de Noé, *Hashem* decidiu aniquilar a humanidade por ter se arrependido de criá-la. Noé, entretanto, achou graça aos olhos de *Adonai* e foi considerado irrepreensível em meio a sua geração (Gênesis 6:6-9).

Pode parecer que a *yetzer hara* pegou *Hashem* de surpresa. Todavia, quando observamos os significados dos nomes hebraicos dos filhos nascidos desde Adão até Noé, encontramos uma mensagem de *Hashem*: "Ao homem foi designada desgraça mortal, mas o Deus bendito haverá de descer ensinando que sua morte trará, aos desesperados, consolo [ou descanso]."[2]

Hebraico	**Português**
Adão	Homem
Sete	Designado
Enos	Mortal
Cainã	Desgraça
Maalaleel	Deus bendito
Jarede	Haverá de descer
Enoque	Ensinando
Matusalém	Sua morte trará
Lameque	Desesperados
Noé	Descanso ou consolo

Shaddai já tinha tudo resolvido desde o começo! Mesmo antes da criação, a ponte que leva ao eterno jardim de Deus era *Yeshua*. Desde o início, *Hashem* tinha um plano para restaurar a unidade entre Deus e seu povo.

No entanto, a unidade que *Hashem* procura é uma unidade sob seu estandarte, não uma unidade fabricada. Lembre-se de quando a humanidade se uniu na antiga Babilônia, na terra de Sinar. As pessoas da terra falavam a mesma língua, mas o espírito orgulhoso de Lúcifer surgiu novamente, e elas tentaram construir uma torre que alcançasse os céus para que pudessem ser como Deus.

Yeshua decidiu descer para ver o que estavam fazendo e, então, confundiu a língua do povo e espalhou-o sobre toda a terra. É por isso que o projeto de construção foi chamado de torre de Babel (veja Gênesis 11:1-9).

O problema de a humanidade se unir como no episódio da antiga Babilônia é que, a menos que nossa natureza pecaminosa seja drasticamente transformada e que tenhamos unidade sob o *talit* do Messias, nós repetiremos o mesmo comportamento orgulhoso e continuaremos errando o alvo. A única maneira de nos conectarmos com o Pai é por meio da ponte que nos liga; *Yeshua*.

Após o incidente com a torre de Babel na terra de Sinar, o plano de *Hashem* era unir o mundo inteiro – mas do jeito dele, não do jeito humano. Ele chamou Abraão da terra de Ur dos caldeus, ordenando que deixasse a família e fosse aonde o enviasse. Esse incidente é chamado de *Lech-Lecha*, que significa "ir" ou "sair". *Hashem* fez um pacto com Abraão, segundo o qual: ele engrandeceria seu nome; quem o abençoasse ou abençoasse sua descendência seria abençoado e quem o amaldiçoasse ou amaldiçoasse sua descendência seria amaldiçoado; e, por meio dele, todas as nações do mundo seriam benditas (Gênesis 12:1-3).

Abraão seria chamado de Hebreu (*Ivrit*), que significa "atravessador de fronteiras".

Podemos ver que, desde o início, era plano de Deus formar uma família com o povo hebraico e as nações. Todavia, a separação que começou no jardim continuou. Na descendência de Abraão, houve divisão entre os filhos, Isaque e Ismael; entre os netos, Jacó e Esaú; e, por fim, entre os bisnetos, José e seus irmãos. Não obstante, a aliança de *Hashem* com Abraão continuou ao longo das gerações e ainda está em vigor hoje.

A descendência de Abraão estava unida e em harmonia durante a revelação no Sinai e disse que obedeceria (*na'aseh v'nishma*) a tudo o que Deus tinha dito (Êxodo 19:8). As 42 gerações seguintes enfrentaram provações e tribulações, o êxtase da vitória e a angústia da derrota, o ganho e a perda de poder, a ascensão e a queda de reis da linhagem de Judá; mas, como prometido, o amor eterno e incondicional de Deus por seu povo permaneceu constante, e sua presença nunca o deixou. Quarenta e duas gerações após Abraão ser chamado de Ur dos caldeus, o Messias *Yeshua* chegou: o Unigênito, o Ancião de dias que existiu desde o início; Aquele que era divino e, mesmo assim, passou pelo processo humano de nascimento e entrou para a família de José e Maria, ambos filhos da linhagem de Judá.

HUMILDADE COMO PONTE

O rabino Shaul (Paulo) fala que devemos nos humilhar ao ponto de amar sacrificialmente. Ele cita o exemplo do Mestre, que desceu até nós como Deus e homem simultaneamente. A fim de termos um "ministério da reconciliação", nossa prioridade deve ser honrar os outros acima de nós mesmos. De que outra forma poderemos ser uma forte corrente de irmãos reunidos sob o *talit* de *Hashem* como um *echad*? *Yeshua* é a ponte que nos une.

Durante todos os meus 30 anos de ministério, fui considerado "pacificador" e fiz numerosas mediações entre líderes, membros de congregações e casais que precisavam de aconselhamento. Considero essa oportunidade um dom maravilhoso de *Adonai*. Foi ele quem colocou paixão por reconciliação em meu coração. Eu me esforço para humilhar-me em todas as situações pelo bem da paz. Lembre-se daquilo que já discutimos; humildade não é fraqueza. Pelo contrário, renunciar à própria vontade a *Yeshua* é evidência de grande força. Mesmo assim, às vezes a situação é tão difícil, que não importa o nosso esforço; o comportamento do outro é tão rude, que só podemos deduzir que sua motivação é má.

Somente *Hashem* pode mudar intenções orgulhosas e desonestas. Nessas situações, tudo o que podemos fazer é sacudir a poeira dos pés e orar para que a pessoa seja tocada por *Yeshua*. Porém, a maioria das mediações – embora lancinantes no começo, quando nenhuma das partes andava com o Mestre – terminou em paz, reconciliação e amor para a glória de *Shaddai*!

UNIDADE NO CASAMENTO

Deus criou a instituição do casamento no jardim do Éden como união entre um homem e uma mulher. Quando os fariseus perguntaram ao Mestre se era permitido ao homem divorciar da mulher por qualquer motivo, ele primeiro respondeu lembrando-os do que fora instituído por Deus no *Gan Eden*. Depois, explicou como os casados não são mais dois, mas uma só carne (*basar echad*).

Yeshua, então, falou:

> "Portanto, o que Deus uniu, ninguém separe". Perguntaram eles: "Então, por que Moisés mandou dar uma certidão de divórcio à mulher e mandá-la embora?" Jesus respondeu: "Moisés permitiu que vocês se divorciassem de suas mulheres por causa da dureza de coração de vocês. Mas não foi assim desde o princípio".
>
> — Mateus 19:6-8

Essa dureza de coração pode ser traçada ao *Gan Eden*, quando tanto o homem quanto a mulher desobedeceram a *Hashem* e caíram no engano. O Mestre ensina que o orgulho não deve entrar em nosso casamento. No amor de Deus, devemos colocar nosso cônjuge acima de nós. Esse é um ato de verdadeira humildade, o qual *Hashem* vê com alegria e abençoa! O matrimônio é um cordão de três dobras, e essa terceira dobra, *Yeshua*, é a ponte para um casamento unificado que não deve ser rompido com facilidade.

Vemos a importância do casamento quando o homem e a mulher estão reunidos sob o *talit*, o qual é utilizado para formar uma *chupá*, com as madrinhas e os pais da noiva ficando de um lado, e os padrinhos e os pais dos noivos, de outro, e ambos os grupos fora da cobertura do *talit*. Por causa da *tsitsit* pendurada nas extremidades, os dois lados estão ligados como uma única *mishpocha*, uma única família. O casamento representa a completude da imagem de Deus. Ele representa a *yachad*, unidade ou unicidade, que *Hashem* formou – a *basar echad*, uma só carne, a composição única resultante da união entre homem e mulher.

O matrimônio é um reflexo da *echad* formada pelo Pai, por *Yeshua* – que é *Ben Elohim*, o Filho de Deus – e pelo *Ruach HaKodesh*, todos um, como dizemos sempre: "*Adonai Eloheinu, Adonai Echad*" ["O Senhor é nosso Deus, o Senhor é um"]. Consequentemente, o casamento representa nossa caminhada com o Mestre. Sob o *talit*, somos unidos com nosso cônjuge.

Não se trata mais de "mim", mas de "nós". O egoísmo já não é uma opção válida. Somos chamados a amar nosso cônjuge assim como *Yeshua* nos ama. *Yeshua* diz: "Nada façam por ambição egoísta ou por vaidade, mas humildemente considerem os outros superiores a vocês mesmos" (Filipenses 2:3).

Certa noite, eu celebrei uma cerimônia pequena de casamento. A cerimônia foi linda. Os noivos estavam sob o *talit*, o qual representou a cobertura e a presença de Deus. *Ruach Elohim* agiu tão poderosamente que, após a cerimônia, todos os casais presentes – judeus, gentios, negros, brancos e hispânicos, todos "um novo homem" no Messias – pediram que eu orasse por sua vida conjugal. Então, reunimo-nos sob o *talit* e seguramos a "orla do manto", a *tsitsit*, enquanto orávamos pedindo força e cura para todos aqueles casamentos. O *talit* esteve suspenso acima de todos nós enquanto experimentávamos o poder de seu Espírito. Mais tarde, ouvimos testemunhos de que curas haviam acontecido nos relacionamentos. O *talit*, como cobertura de *Yeshua*, é verdadeiramente um manto de amor!

SHABBAT COMO PONTE

> Assim foram concluídos os céus e a terra, e tudo o que neles há. No sétimo dia Deus já havia concluído a obra que realizara, e nesse dia descansou. Abençoou Deus o sétimo dia e o santificou.
>
> — Gênesis 2:1-3

> Visto que nos foi deixada a promessa de entrarmos no descanso de Deus, que nenhum de vocês pense que falhou. [...] Pois nós, os que cremos, é que entramos naquele descanso.
>
> — Hebreus 4:1,3

El Elyon [Deus Altíssimo] designou e santificou um dia de cada semana para entrarmos no *talit* de seu descanso. Isso não significa que estamos impossibilitados de descansar na presença de *Yeshua* em qualquer momento de qualquer dia. Podemos e devemos entrar nesse lugar oculto sob seu *talit* todos os dias! Contudo, segundo suas Escrituras, ele determinou um tempo especial para nos reunirmos e descansarmos em sua presença enquanto o louvamos e adoramos.

Ele convida todos os que estão cansados e sobrecarregados a aproveitar esse tempo e nos promete descanso. Deus nos convida a tomar seu jugo sobre nós e a aprender dele, porque é manso e humilde de coração, e nele acharemos descanso para a alma. O seu jugo é suave e seu fardo é leve (Mateus 11:28-30). Quando observado da maneira correta, o *Shabbat* [sábado] reúne pessoas de todas as origens, de todas as cores e de todos os contextos educacionais e espirituais na presença de *Hashem* para descansar, ter comunhão e adorar *Yeshua*. Esta comunhão e adoração em conjunto produz unidade, o que nos dá uma força tremenda.

UNIDADE DO CORPO DO MESSIAS

Eu sempre me pergunto como pessoas ou denominações que professam adorar o Mestre judeu boicotam, privam de direitos e aplicam sanções a qualquer coisa que tenha a ver com os filhos de *Hashem*. Como elas conseguem crer que *Hashem* poderia, algum dia, rejeitar permanentemente seu povo e substituí-lo por outro? Será que nenhuma delas leu os escritos do rabino Shaul ao povo romano? "Não se orgulhe, mas tema. Pois, se Deus não poupou os ramos naturais, também não poupará você" (Romanos 11:20-21).

Hashem deixou seus mandamentos claros. Cada um de nós tem de escolher aceitar a verdade ou rejeitá-la. Ele nos mostra a maneira de caminhar em nossa vida cotidiana. Ele nos manda ser humildes, gentis, pacientes e cheios de graça, misericórdia, benignidade, perdão, verdade, caráter, devoção e integridade. Além disso, manda-nos caminhar com fé, esperança e em seu amor incondicional. Cumpramos o desejo de *Yeshua* e, como uma *mishpocha* [família], sejamos todos um com ele, o *Ruach* e o Pai.

Capítulo 8

Preparação para os últimos dias

O *talit* faz uma ponte entre o passado remoto e o futuro profético à medida que começamos a compreender o papel de Israel nos planos divinos para o fim dos tempos. O mundo está mudando em um ritmo mais rápido hoje do que em qualquer outro período da história. Quando estudamos o que a Palavra de Deus tem a dizer sobre os últimos dias, parece que as Escrituras estão se tornando manchetes atuais. A Bíblia diz que, nos últimos dias, as nações se voltarão contra Israel e este povo terá de enfrentar tudo basicamente sozinho (Zacarias 14:1-21). Nestes últimos anos, vimos a ONU rejeitar Israel[1] e cada vez mais denominações cristãs apoiarem movimentos para boicotar Israel, privá-lo de direitos e aplicar-lhe sanções.[2]

A Escritura também nos diz que, nos últimos dias, Israel será atacado pelo norte (Daniel 11:39-40). Isso não aconteceu, felizmente, mas os Estados Unidos deram ao Irã 150 bilhões de dólares apesar de seu ex-presidente ter ameaçado varrer Israel do mapa e de o país ter ambições nucleares.[3] O grupo terrorista muçulmano ISIS está recrutando soldados de todo o mundo para travar *jihad* contra os chamados infiéis.[4] Além disso, muitas pessoas nos Estados Unidos estão sendo chamadas de intolerantes por sustentar a instituição bíblica do casamento.[5]

Estamos vivendo nos últimos dias desde quando *Yeshua* disse "venho em breve" (Apocalipse 22:7,20), mas os acontecimentos atuais estão fazendo com que muitas pessoas se perguntem se o retorno do Messias é, agora, iminente. O que Deus está nos dizendo sobre os últimos dias? O que Israel enfrentará? O que aguarda o corpo do Messias? Como é que podemos sequer começar a responder a essas perguntas? *Kadima!*

A palavra hebraica *kadima* (המידק) significa "avante". Temos de seguir adiante. Porém, a fim de saber como avançar nos dias caóticos que estão por vir, temos de estar preparados para o que está diante de nós. Aqueles dias serão emocionantes para os que são íntimos de *Hashem* porque estarão marchando rumo à vitória! Assim como Moisés e Miriã conduziram os israelitas no cântico de vitória após atravessar o mar Vermelho e ser libertos definitivamente de Faraó e seus carros, nós também poderemos entoar o cântico de vitória naqueles dias porque já lemos o final do Livro e sabemos que nosso Deus reina!

Na batalha final desta era, lemos que *Yeshua* estará "vestido com um manto tingido de sangue, e o seu nome é Palavra de Deus [...]. Em seu manto e em sua coxa está escrito este nome: REI DOS REIS E SENHOR DOS SENHORES" (Apocalipse 19:13,16). Faria sentido que o manto tingido de sangue fosse seu *talit* e a *tsitsit*. As voltas em número dez, cinco, seis e cinco, conforme discutido no capítulo 1, soletrariam *yod*, *hey*, *vav* e *hey*, segundo a leitura em hebraico da direita para a esquerda (הוהי). Isso significa "*Adonai*" ou "Senhor". O *talit* do Messias será vestido na batalha final, e o Messias sairá vitorioso!

No Messias há vitória, não só nos últimos dias, agora também! *Shaddai* deseja que confiemos nele de modo tão completo que sejamos capazes de entoar o cântico da vitória em nossa vida cotidiana, como Moisés e Miriã, mesmo antes de sabermos o resultado das circunstâncias que enfrentamos. Precisamos ter uma mentalidade de vitória, cientes de que somos mais do que vencedores por aquele que nos amou (Romanos 8:37). *Yeshua* conquistou a vitória sobre o pecado, a morte e todo o poder do inimigo (2Coríntios 2:15). Este é o incrível Deus a quem servimos!

Apocalipse 19:13 diz que aquele cujo manto está tingido de sangue é chamado de Palavra de Deus. Quando nos colocamos sob o *talit* de *Yeshua* escolhendo segui-lo e obedecer à sua Palavra, podemos ter a certeza de que, no fim, ele nos fará vencer. Muitas vezes, pessoas que confiam em *Hashem* entram em nossa sinagoga oprimidas com doenças físicas e emocionais, problemas relacionados a dinheiro ou trabalho, questões de negócios e assim por diante. Porém, após se colocar sob o *talit* para oração, elas vão embora animadas e encorajadas por saber que, por meio de *Yeshua*, há vitória sobre os obstáculos que enfrentam. Quando nos colocamos sob o *talit* em oração, pode ser que as coisas não aconteçam como esperávamos. Contudo, o poder divino não é limitado, e podemos confiar que "Deus age em todas as coisas para o bem daqueles que o amam, dos que foram chamados de acordo com o seu propósito" (Romanos 8:28). Absolutamente nada pode nos separar do amor de Deus (Romanos 8:35-39)!

A despeito do fato de que os últimos dias serão repletos de guerras e tribulação, podemos nos alegrar porque estas coisas terminarão em vitória por meio do Messias. Nos dias que antecederem o retorno de *Yeshua*, nós deveremos seguir seus *mitzvot* [mandamentos], estudar sua Palavra, orar e difundir a verdade – sua mensagem – ao maior número de pessoas possível. Aqueles que tiverem um *talit* poderão se envolver nele e ouvir a *Hashem* mais atentamente enquanto se aprofundam cada vez mais em sua presença. Estamos adentrando uma época em que haverá o maior reavivamento da história, o qual fará com que o povo de Deus retorne a ele por meio de *Yeshua* e siga seu caminho, não o caminho do mundo ou seus próprios pensamentos e ideias. Não sabemos o dia ou a hora em que Deus provocará este derramamento. Contudo, sabemos que tudo o que *Hashem* preparou antes da fundação do mundo acontecerá no tempo e no momento perfeito. *Hashem* é o Deus da ordem e da perfeição.

Muitos dizem que estamos entrando na época de Elias, e isto é verdade, mas é preciso lembrar que aqueles foram dias de rebelião, perversidade, idolatria e desobediência à Palavra de Deus. Devemos estar preparados para um aumento de guerras físicas e espirituais. Para que *Shaddai* suscite um exército de soldados eficazes e formidáveis, precisamos ser disciplinados, cheios da *dunamis* (relativo a dinamite) e do poder de seu Espírito e firmes na confiança em *Hashem* e sua Palavra. A fim de nos prepararmos para esses dias e sermos vitoriosos no cumprimento dos planos que *Hashem* tem para o corpo de crentes em *Yeshua*, temos de mudar nossa forma de pensar.

ESTÁ NA HORA DE UM NOVO JEANS

Você já teve alguma calça ou camisa por anos que, mesmo estando velha e gasta, continuou a usar por ser muito confortável? Acabei de me desfazer de um jeans assim. Ele começou a rasgar na altura do joelho direito porque o material estava completamente desgastado. No começo, o alfaiate colocou um remendo, dizendo que estava na moda. Ficou ótimo! Depois, entretanto, o material começou a soltar do retalho, e o jeans rasgou de novo. Tentei um novo remendo. Funcionou por um tempo, mas o material se soltou novamente.

No fim das contas, tive de me desfazer do jeans. Isso me lembrou de uma das instruções de *Yeshua*: "Ninguém põe remendo de pano novo em roupa velha, pois o remendo forçará a roupa, tornando pior o rasgo. E ninguém põe vinho novo em vasilha de couro velha; se o fizer, o vinho rebentará a vasilha, e tanto o vinho quanto a vasilha se estragarão. Ao contrário, põe-se vinho novo em vasilha de couro nova" (Marcos 2:21-22).

A fim de avançarmos nesses tempos futuros de muitos testes, provações e tribulações, devemos admitir novas formas de pensar. Devemos renovar nossa mente. As estratégias e metodologias antigas não funcionarão. Estamos vivendo uma nova era nos Estados Unidos e no mundo. O bom tornou-se mau e o mau tornou-se bom. Para aqueles que cometem atos de terrorismo ou tiroteios em massa, é uma vitória morrer durante tais atrocidades. Esse tipo de perversidade só piorará.

Como novas criaturas no Messias, as vasilhas velhas, os jeans velhos, devem ser dispensados, e nós precisamos de jeans novos. Devemos nos encher do "novo vinho" do Espírito de Deus. Devemos ser resolutos e firmes em nossa fé e temos de levar "cativo todo pensamento, para torná-lo obediente a Cristo" (2Coríntios 10:5).

Isso significa que precisamos submeter nossos pensamentos e emoções a *Yeshua*, de modo que o adversário não tenha oportunidade de nos enganar, desviando-nos do Mestre. Devemos crer na Palavra de Deus, concentrar-nos nele e torná-lo o centro de nossos pensamentos diários. Temos de conhecer a Palavra de Deus bem o suficiente para conseguir comparar o que está em nossa mente ao que está na mente de Deus.

Nos dias vindouros, conforme o autor Francis Frangipane escreveu, precisaremos "olhar o impossível bem nos olhos e crer em Deus" para que ele demonstre seu poder.[6] Recentemente, uma amiga contou a mim e à minha esposa uma história sobre um homem que se sentou ao seu lado no trem. Ela sabia, em seu espírito, que o homem estava planejando algum tipo de mal. Com uma coragem que só poderia ter vindo do *Ruach HaKodesh*, ela olhou o homem bem no fundo dos olhos e fez sinal de não com a cabeça! Ela não disse coisa alguma, mas ele se levantou nervoso, desceu do trem e saiu correndo.

A mulher estava usando seu novo "jeans" ou "vasilha" e estava cheia do poder *dunamis* do Espírito, o que lhe deu uma coragem sagrada e uma fé poderosa. É disso que precisamos à medida que os últimos dias se aproximam. Naquela época, teremos de andar em verdade, em humildade e no amor de *Yeshua* e, ao mesmo tempo, ser arrojados e estar dispostos a agir na autoridade espiritual que ele nos deu. Precisamos estar cheios de sua Palavra e seu Espírito a ponto de o medo e a dúvida não terem outra coisa a fazer, senão fugir! Devemos ser como Daniel e confiar em *Hashem* mesmo se formos lançados na cova dos leões. É assim que veremos a vitória.

Nossa confiança em *Hashem* deve ser mais do que um conhecimento intelectual. Como Frangipane escreveu, temos de fixar os olhos "na bondade e no poder de Deus para que, independentemente do que enfrentarmos, por fora ou por dentro, permaneçamos seguros"[7].

Estamos em uma guerra. O inimigo é o adversário de nossa alma. A mente é um campo de batalha. O diabo trabalha para estabelecer fortalezas em nossa mente (de medo, ira, desespero e similares) por meio de seus enganos e perfídias. Devemos resistir a ele, abandonando as atitudes negativas, bem como comportamentos e pensamentos autodestrutivos. Temos uma escolha a fazer; buscar a vitória, recebendo a verdade de Deus em nosso coração e renovando nossa mente, ou receber a derrota procedendo continuamente do jeito mundano.

> Pois, embora vivamos como homens, não lutamos segundo os padrões humanos. As armas com as quais lutamos não são humanas; ao contrário, são poderosas em Deus para destruir fortalezas. Destruímos argumentos e toda pretensão que se levanta contra o conhecimento de Deus, e levamos cativo todo pensamento, para torná-lo obediente a Cristo.
>
> — 2Coríntios 10:3-5

Meditar nas palavras de *Yeshua*, aquele que está acima, e ser sempre gratos a ele são armas de guerra poderosas para renovar nossas mentes e edificar nossa confiança nele quando escolhemos buscar a vitória!

COMUNHÃO COM *YESHUA*

É por esta razão que devemos nos colocar sob o *talit* e passar tempo na presença de Deus. A única maneira de seguir em frente nos últimos dias e realizar a obra que ele tem reservada para seu povo é permanecer em constante comunhão com *Yeshua*. Sob o *talit*, enquanto estamos tendo comunhão, ele derrama seu eterno amor por nós. A cada dia, quando os problemas surgem, ele nos lembra de que somos seu tesouro amado e de que está sempre conosco.

Ao buscarmos esse tipo de intimidade com *Hashem*, precisamos voltar mais uma vez para o jardim a fim de entender as raízes dessa comunhão. Quando lemos sobre como *Yeshua* deseja que estejamos em perfeita comunhão com ele, compreendemos que isso acontece com os atos simbólicos de beber de seu sangue e comer de seu corpo. Quando bebemos do cálice e comemos a *matzá*, ou pães ázimos da comunhão, reconhecemos nossa fé no sacrifício expiatório de *Yeshua* no madeiro (cruz). Uma vez que colocamos nossa confiança nele, estamos autorizados a entrar no

Gan Eden e comer da *Etz Chayim* [árvore da vida] – *Yeshua* – o que nos possibilita ter não apenas vida eterna, mas também comunhão íntima com *Hashem*.

Para os seguidores judeus de *Yeshua*, a ceia de comunhão é repetida a cada ano no *sêder* de *Pessach* [Páscoa], quando lembramos como Deus livrou seu povo do *Mitzrayim* [Egito]. Ao bebermos o terceiro cálice de vinho no *sêder*, o cálice da redenção messiânica, aqueles que creem no Mestre se identificam com sua expiação de sangue e oram por seu breve retorno, e aqueles que não creem nele oram para que o *Mashiach* venha. Quando participamos do *afikomen* revelado (a *matzá* sem fermento que estava escondida e foi achada), aqueles que creem em *Yeshua* se identificam com seu corpo sacrificado por nós e podem responder com "*Dayenu!*" ["É suficiente!"]. A liberdade que temos agora como consequência de comer da árvore da vida (*Yeshua*, o Messias) nos permite entrar no paraíso da vida eterna.

Quando nos colocamos sob o *talit* como crentes em *Yeshua*, provamos seu descanso, sua paz e sua quietude. Então, nossos ouvidos ficam mais abertos para ouvir o que seu Espírito diz.

Como novas criaturas no Messias, somos libertos do cativeiro físico e espiritual e somos autorizados a entrar no paraíso espiritual, onde ele nos deu domínio e autoridade em seu nome sobre todos os espíritos negativos e tentadores, de engano, mentira, ira, amargura, medo e ausência de perdão. Ele nos deu o *amein* ("assim seja", uma expressão geralmente proferida ao final das orações judaicas), o fim, e nos colocou em um novo começo, um *baruch atah* ("bem-aventurado", uma expressão geralmente proferida no início das orações judaicas). Não somos mais barrados pelas espadas espirituais flamejantes e podemos entrar no *Kodesh HaKodashim* [Santo dos Santos].

É no *Kodesh HaKodashim*, enquanto experimentamos o mistério do manto de oração, que meditamos em sua Palavra e o adoramos. É nesse momento de íntima comunhão que ele nos dá palavras de conhecimento e profecia e "ordem de marcha" para cada dia. O *Kodesh HaKodashim* é o lugar onde desenvolvemos nossa intimidade com *Yeshua*. Além disso, é o lugar onde ele nos capacita com dons espirituais que nos permitem avançar para completar a obra a que somos chamados a realizar.

DEUS ESTÁ FAZENDO ALGO NOVO

Hashem disse: "Vejam, estou fazendo uma coisa nova! Ela já está surgindo! Vocês não a reconhecem? Até no deserto vou abrir um caminho e riachos no ermo" (Isaías 43:19). Uma novidade que vivenciaremos é *Hashem* nos reunindo em grupos pequenos para discipulado, ensino, oração, "partir do pão" e comunhão, algo muito semelhante ao que acontecia no Livro de Atos.

O Livro de Atos no *B'rit Chadashá* fala sobre o *Ruach HaKodesh* capacitando os *talmidim* [discípulos] de *Yeshua* e os milhares de judeus crentes no *Shavuot* em Jerusalém. Todos eles estavam aguardando, em harmonia, sua promessa após *Yeshua* subir ao Pai. O rabino Shaul, milhares e milhares de judeus crentes e, mais tarde, indivíduos de outras nações que passaram a crer no Messias judeu, desejavam a plenitude da promessa de *Yeshua*, a imersão no *Ruach HaKodesh*.

Nos últimos dias, experimentaremos o sobrenatural com milagres, sinais e prodígios, tal como ocorreu em Atos – e todos os que colocarem a confiança nele verão sinais ainda maiores, conforme *Yeshua* prometeu. Uma mensagem de arrependimento será corajosamente pregada perante líderes poderosos, governos, instituições e organizações mundiais. Multidões ouvirão o chamado e responderão com arrependimento e confissão. Um vasto número de pessoas será curado! O nome de *Yeshua* será proclamado em todo o mundo. Mistérios de épocas passadas serão desvendados. O corpo do Messias estará ao lado de Israel e do povo judeu. Em Atos, vemos uma transformação tremenda e inacreditável de medo e dúvida em plenitude do poder e fogo do Espírito de Deus fluindo aos *shlichim* (apóstolos) a fim de que possam espalhar as boas-novas de *Yeshua* ao mundo! Veremos a mesma coisa mais uma vez em breve.

ESPÍRITO DE AMALEQUE

No período conturbado e caótico que nos aguarda, haverá grandes acontecimentos, numerosas bênçãos, tempos de paz e prosperidade e um poderoso exercício dos dons de *Ruach*. Contudo, também haverá fracassos deploráveis, pobreza, aumento de padrões meteorológicos estranhos e ameaçadores, crescimento do terrorismo, guerras e rumores de guerra. No deserto, Israel sempre brigava com Moisés por tê-lo tirado do Egito. O povo seguia Moisés, mas sua fé em *Hashem* vacilava, mesmo depois de todas as vitórias milagrosas que havia testemunhado. Sua reação ao suprimento das necessidades foi questionar se Deus estava presente. A confiança dos israelitas nele era quase inexistente.

A maioria das nações tinha medo do Deus de Israel, mas os amalequitas, não. Por isso, atacaram Israel em Refidim. Eles começaram o ataque por trás, visando a idosos e fracos. Josué liderou a batalha enquanto Moisés permaneceu no topo da colina.

Quando as mãos de Moisés estavam levantadas, como em louvor a Deus, havia vitória. Quando ele se cansava e as abaixava, o povo de Israel começava a perder a batalha. Ao perceber este padrão, Arão e Hur subiram a colina, colocaram uma pedra para Moisés se sentar e seguraram suas mãos, um de cada lado. Enquanto as mãos de Moisés estavam erguidas, havia vitória! Então, *Adonai* disse a Moisés:

> "Escreva isto num rolo, como memorial, e declare a Josué que farei que os amalequitas sejam esquecidos para sempre debaixo do céu". Moisés construiu um altar e chamou-lhe "*ADONAI-NISSI*" [Deus é minha bandeira].
>
> — Êxodo 17:14-15

Adonai então declarou que estaria em guerra contra Amaleque de geração em geração. Nos últimos dias, o espírito de Amaleque continuará a mostrar sua face horrenda com um surgimento renovado do antissemitismo. Esse espírito antimessias tentará, mais uma vez, destruir o povo judeu. Infelizmente, isso já começou e existe até mesmo dentro do corpo do Messias, visto que algumas denominações se recusam a tomar o lado de Israel.

Nos últimos dias, haverá ataques cruéis em todo o mundo contra o povo judeu e comunidades judaicas. Israel será atacado por seus inimigos e sofrerá morte e destruição. Contudo, o povo clamará a *Adonai*, e ele terá compaixão, fazendo com que Israel seja vindicado quando *Adonai Elohim* for glorificado! Conforme o profeta Zacarias declarou, quando as nações se reunirem contra Jerusalém para travar guerra, "*ADONAI* sairá para a guerra contra aquelas nações, como ele faz em dia de batalha" (Zacarias 14:2-3).

Anos atrás havia placas em Israel com os dizeres: "Primeiro, eles virão atrás das pessoas do sábado (judeus); depois, virão atrás das pessoas do domingo (cristãos)". Ataques contra Israel já acontecem, mas também estamos vendo uma guerra espiritual entre o

Deus de Israel e o deus do secularismo (a deificação do homem). Essa é a força por trás dos esforços para eliminar os dez mandamentos de edifícios governamentais e para proibir a oração em escolas públicas. As pessoas querem confiar apenas na força e na sabedoria do homem e estão resistindo à autoridade divina com agressividade. A boa notícia é que o Deus de Abraão, Isaque e Jacó reinará supremo. Haverá novamente, assim como na batalha do Chanucá há mais de 3 mil anos, vitória para os "filhos de Sião" (aqueles que adoram o Deus de Abraão, Isaque e Jacó) e derrota para os "filhos da Grécia" (aqueles que adoram o Deus do ego), e corações serão voltados para *Yeshua*.

No *Tanach*, *Hashem* promete nos encher dele para que experimentemos seu poder maravilhoso e milagroso nos últimos dias:

> E, depois disso, derramarei do meu *Ruach* sobre todos os povos. Os seus filhos e as suas filhas profetizarão, os velhos terão sonhos, os jovens terão visões. Até sobre os servos e as servas derramarei do meu Espírito naqueles dias. Mostrarei maravilhas no céu e na terra [...]. E todo aquele que invocar o nome de *Adonai* será salvo [livrado ou redimido].
>
> —Joel 2:28-30,32

Essa profecia de *Yoel haNavi*, profeta Joel, foi proferida em algum momento entre 500 e 800 a.C. e faz referência ao que aconteceria nos últimos dias da civilização tal como a conhecemos hoje. Ela também aparece no Livro de Atos na *Shavuot* em que o *Ruach* foi concedido. O segredo para o povo ter recebido o derramamento na época e 1.500 anos antes, no monte Sinai, foi estar em harmonia. Quando o corpo do Messias estiver em acordo, receberemos o maravilhoso favor de Deus conforme experimentado no Sinai e pelos crentes no início de Atos.

Quando estamos em unidade e nos humilhamos uns perante os outros, colocando foco não nas falhas e imperfeições do próximo, mas em seus atributos bons e positivos, estamos seguindo o mandamento de *Yeshua* de amar Deus de todo o coração, de toda a alma e com toda a força, e de amar o próximo como a nós mesmos. Essa unidade agrada a *Yeshua* e toca seu coração para nos conceder revelações proféticas. Além disso, possibilita que ele abra nossos olhos para o Reino sobrenatural do Altíssimo (*El Elyon*).

Hashem nos criou para louvá-lo, adorá-lo e ter comunhão com ele por toda a eternidade. Ele criou um povo para si, mas todas as coisas criadas têm um início e um fim. Apesar de nosso tempo na terra ser limitado, entretanto, o espírito que ele nos deu quando fomos concebidos viverá para sempre, com ou sem ele. *Hashem* nos dá o tempo que passamos na terra para decidir qual dos dois será.

Escolher *Yeshua* significa priorizar a comunhão íntima com ele. Significa passar tempo silencioso em sua presença. Coloque-se sob o *talit* e seja capacitado com dons espirituais de *Yeshua*. Há muito trabalho a ser feito, e precisamos nos fortalecer cada vez mais nele. Ele encarregou Israel de ser um reino de sacerdotes e uma nação santa por meio do Mestre. Se você é um seguidor de *Yeshua*, ele o encarregou de levar a mensagem de salvação, livramento, cura e a alegria resultante ao povo judeu e às nações. A fim de cumprir essa comissão, deveríamos comunicar a mensagem de *Yeshua* não "em palavras persuasivas de sabedoria, mas [...] em demonstração do poder do Espírito, para que a fé que vocês têm não se baseasse na sabedoria humana, mas no poder de Deus" (1Coríntios 2:4-5).

REVIVIFICAÇÃO RADICAL

Conforme *Yeshua* estende seu *talit* sobre todos os que creem nele, acontece uma mistura de culturas, línguas e tradições. Sob seu *talit*, nós nos tornamos um. *Adonai* precisou separar a humanidade na antiga Babilônia quando o povo tentou construir uma torre que alcançasse o céu, mas, nos últimos dias, ele nos unirá quando o deus do secularismo for derrotado. Medo, orgulho e passividade são inimigos do crescimento; nos últimos dias, haverá avanço (*kadima*) e progresso. Isso acontecerá porque, conforme nos unirmos sob o *talit* de *Yeshua*, ele mostrará graça e nos transformará em dínamos de impacto espiritual. Juntos, nós nos transformaremos no "novo homem" profetizado pelo rabino Shaul (Efésios 2:15).

Quando me coloco sob o *talit* do *Mashiach*, penso na atitude mais radical de minha vida: permitir que *Yeshua*, o Mestre e Messias, entrasse em meu coração. Com o tempo, conheci muitas pessoas que nasceram no judaísmo e aceitaram *Yeshua* como Messias. No entanto, conforme nos aproximarmos dos tempos finais, o número de judeus crentes em *Yeshua* crescerá exponencialmente.

O maior reavivamento da história acontecerá em meio ao povo judeu, e *Hashem* usará o povo judeu messiânico como instrumento para tal:

> Assim diz *Adonai-Tzva'ot*: "Naqueles dias, dez homens de todas as línguas e nações agarrarão firmemente a barra das vestes [*talit*] de um judeu e dirão: 'Nós vamos com você porque ouvimos dizer que Deus está com o seu povo'".
>
> — Zacarias 8:23

O povo judeu tem um chamado profético para ser radical, assim como eu era quando aceitei *Yeshua* como Messias. Tal como foi há 2 mil anos, quando os primeiros rabinos messiânicos transformaram o mundo inteiro, assim será nos dias finais. Cidades inteiras receberam o nome dos primeiros rabinos judeus messiânicos por causa do profundo impacto que causaram. É como *Hashem* disse, por intermédio do profeta Zacarias:

> E derramarei sobre a família de Davi e sobre os habitantes de Jerusalém um espírito de ação de graças e de súplicas. Olharão para mim, aquele a quem traspassaram, e chorarão por ele como quem chora a perda de um filho único, e se lamentarão amargamente por ele como quem lamenta a perda do filho mais velho.
>
> — Zacarias 12:10

O profeta Isaías também declarou:

> Nos últimos dias o monte do templo de *Adonai* será estabelecido como o principal; será elevado acima das colinas, e todas as nações correrão para ele. Virão muitos povos e dirão: "Venham, subamos ao monte de *Adonai*, ao templo do Deus de Jacó, para que ele nos ensine os seus caminhos, e assim andemos em suas veredas". Pois a *Torá* sairá de Sião, de Jerusalém virá a palavra de *Adonai*.
>
> — Isaías 2:2-3

Além disso, não nos esqueçamos de que 12 mil pessoas de cada tribo, exceto a tribo de Dã – 144 mil no total – terão o selo de Deus na testa identificando-as como servas de *El Elyon*, o Deus Altíssimo! À medida que o corpo do Messias vê milhões de judeus recebendo seu Messias, as nações sentirão inveja, e testemunharemos o maior reavivamento de todos.

> Então, os sobreviventes de todas as nações que atacaram Jerusalém subirão ano após ano para adorar o rei, *Adonai-Tzva'ot*, para celebrar a *Sukkot*. Se algum dentre os povos da terra não subir a Jerusalém para adorar o Rei, *Adonai-Tzva'ot*, não virá para ele a chuva.
>
> — Zacarias 14:16-17

As intenções do nosso coração como povo judeu serão restauradas à verdadeira adoração de *Adonai* e seremos vasos de glória para as nações. Assim como o Mestre nos ensinou, todos declararemos: "*Sema Yisrael* A*DONAI* *Eloheinu* A*DONAI* *Echad*, A*DONAI* *Hu HaElohim. Yeshua et* A*DONAI*!" ["Ouça, ó Israel: O Senhor, o nosso Deus, é o único Senhor. O Senhor é Deus. *Yeshua* é o Senhor!"].

ESPÍRITO DE PROFECIA

Quando esta era estiver para terminar, o amor eterno de *Hashem* e seu desejo de que ninguém se perca resultarão no derramamento dos dons espirituais de autoridade, ousadia, favor e visão sobrenatural que nenhum olho já viu e nenhum ouvido já ouviu, e coração algum poderá jamais compreender a excelência de sua eterna e majestosa divindade.

"O testemunho de *Yeshua* é o espírito de profecia" (Apocalipse 19:10). E o *talit* de *Yeshua* simboliza o Espírito de profecia. Quando nos colocamos sob o *talit* de *Yeshua*, ligamos o passado ao futuro ao compreender o papel profético de Israel no plano divino para os últimos dias. Sob o *talit*, as coisas começam a fazer sentido. *Hashem* nos mostra novas revelações de sua Palavra. É um momento de aprendizado sobrenatural crescente e intimidade com o Messias prometido.

Hashem tem um amor eterno por você. E, se você abrir seu coração para o sobrenatural – para sinais, prodígios e maravilhas, para o impossível em oposição a seu raciocínio intelectual – encontrará o possível naquilo que transcende todo o tempo, luz, energia, dimensão e espaço.

Conclusão

Naquele belo dia de verão em agosto de 1963, poucas semanas antes do meu 14º aniversário, eu não tinha ideia de que uma conversa com dois amigos me faria sair em uma busca espiritual pela verdade. Aquela jornada acabou me levando ao Mestre, *Yeshua HaMashiach*, e revelando outros tesouros que nos ajudam a responder às misteriosas perguntas sobre a razão de nossa existência. O *talit*, um tesouro primordial, fala simbolicamente sobre: chamado de Deus; humildade; cobertura de Deus; presença, poder e proteção de Deus; cura; perdão; fé; oração e meditação; benevolência e generosidade; integridade e bom caráter; e, por fim, unidade – as ferramentas espirituais necessárias para os dias vindouros.

Escrevi sobre a importância do *talit* nos ciclos da vida e os significados, mitos e mistérios que se referem ao manto de oração. Escrevi sobre o *talit* como uma imagem de Israel e *Yeshua* e sobre como ele aponta para o verdadeiro Deus de toda a criação. No entanto, o maior mistério desse manto é como ele nos coloca em íntima comunhão com o Mestre, aquele que é nosso *Yedid Nefesh*, aquele que ama nossa alma, aquele que era, que é e que será.

Eu o desafio a entrar no local secreto sob o *talit*. Permita que ele o lembre da presença divina e de sua Palavra, bem como do preço que *Yeshua* pagou para que você pudesse ter comunhão com ele. Aquiete-se e saiba que ele é Deus. Experimente a cura em suas asas. Peça-lhe que o encha com seu *Ruach HaKodesh* de modo que você possa caminhar em santa ousadia e poder *dunamis*. Peça-lhe que o capacite com dons espirituais a fim de que você possa fazer tudo aquilo que foi criado para fazer. Peça-lhe também que revele o mistério do manto de oração e abra seus olhos para os muitos tesouros espirituais.

Hashem tem um amor eterno, incomparável, por você. Seu estandarte – seu *talit* – sobre você é o amor (Cântico dos Cânticos 2:4). Conheça-o intimamente sob o *talit*. Habite no abrigo do Altíssimo "e sob as suas asas [seu *talit*] você encontrará refúgio" (Salmos 91:4).

Apêndice

MINHA JORNADA NA DESCOBERTA DO MESSIAS JUDEU

A partir do momento em que nascemos, cada um de nós percorre um caminho diferente. Cada um faz uma escolha em algum ponto da vida, seja de modo consciente ou inconsciente, quanto à estrada que seguirá. Enquanto trilhamos o caminho escolhido, Deus deixa recados de amor para nós. Quando nossos olhos espirituais são abertos, entendemos seus recados de amor e decidimos seguir o rumo que ele planejou para nossa vida.

Foi isso que aconteceu comigo. Fui criado para respeitar *Hashem*, mas "Jesus" não era um nome que pronunciávamos em casa. Meu pai conhecia Deus e o amava. Ele cresceu como um judeu "conservadoxo", isto é, praticando um meio termo entre o judaísmo conservador e o judaísmo ortodoxo. Ele se formou no curso de Farmácia na Universidade Columbia em 1933 e foi proprietário de várias farmácias na cidade de Nova York. Como profissional, meu pai foi uma pessoa íntegra, além de servir em organizações profissionais, comunitárias e religiosas, e também liderar muitas delas. Assim como seus pais e suas duas irmãs, ele amava Deus e amava o povo, a religião, os costumes e as tradições judaicas.

Meus pais se casaram em 1940. Minha mãe veio de uma família judaica secular. Quando eu e minha irmã nascemos, meu pai cuidou para que a religião, os costumes e a cultura judaica fossem parte importante de nossa vida familiar. Por querer ter certeza de que eu amaria Deus e o povo de Deus, ele me ensinou, quando eu tinha cinco anos de idade, a orar o *Shemá* (que começa assim: "Ouça, ó Israel: O Senhor, o nosso Deus, é o único Senhor") todas as noites antes de dormir, a orar por minha família e a falar com Deus.

Aos cinco anos, sem ter noção do que estava fazendo, eu iniciei – de forma inocente e sincera – a trilhar a jornada espiritual que, segundo creio, havia sido planejada por *Hashem*. Todas as noites, antes de dormir, eu orava o *Shemá* e me comunicava com o Criador de tudo o que existe. Quando estava chateado com alguém da família, eu omitia o nome da pessoa na oração. Esta era minha forma de comunicar meus sentimentos ao meu *Abba* [Papai] no céu.

Tal como outros meninos judeus, eu celebrei o *bar-mitzvá* aos 13 anos, ocasião em que ganhei um novo *talit*. Para muitos, os estudos e compromissos religiosos terminam com a celebração do *bar/bat-mitzvá*. Porém, não foi assim comigo. Eu decidi estudar a história e as observâncias judaicas por mais dois anos. Durante esse tempo, cheguei a conduzir a liturgia ao lado do rabino em um culto especial de *Shabbat*. Naturalmente, como é costume, eu fiz todas essas coisas usando o *talit*.

Em 1964, eu e um amigo, que chamarei de Bobby, fomos à Feira Mundial de Nova York. Ambos já tínhamos visitado a feira várias vezes antes, mas, dessa vez, algo novo me deixou absolutamente intrigado. Gostei demais de todos os pavilhões, especialmente daqueles que demonstravam novos aparelhos e máquinas propostos para o futuro. Contudo, havia um pavilhão que parecia ter a fila mais comprida de todas. Era o pavilhão do Billy Graham. Eu me perguntei quem seria Billy Graham e por que tantas pessoas estavam esperando horas a fio para visitar seu pavilhão. Então, falei ao meu amigo: — Vamos tentar entrar e descobrir do que se trata.

Nós não queríamos esperar na fila, então encontramos uma cerca, pulamos e entramos sorrateiramente! Não fazíamos ideia do que as pessoas estavam falando ali, mas nos disseram que poderíamos fazer uma oração em voz alta com elas se quiséssemos. Recitei em voz alta o que nos instruíram, e, em certa parte da oração, eu proferi as palavras "Jesus Cristo".

Naquela noite, ao orar o *Shemá*, pedi a Deus que me perdoasse por ter dito as piores palavras que eu poderia dizer. Eu realmente não sabia o que tinha feito, mas senti que havia sido a pior coisa possível. Por isso, implorei a Deus por perdão, embora não soubesse bem por quê.

A experiência ainda estava registrada em minha mente três anos mais tarde, quando passei por um grave trauma físico e emocional. Em julho de 1967, sofri um acidente de carro terrível. Fiquei hospitalizado por cerca de dez dias e pouco mais de um mês em recuperação. Quatro meses depois, meu pai faleceu. (Descobri, muitos anos mais tarde, que ele havia crido em *Yeshua*, o Messias, antes de morrer.) Decidi honrar sua memória comparecendo a um culto na sinagoga todo *Shabbat* durante a maior parte do ano. Olhando para trás, posso ver que Deus estava orquestrando todas essas coisas para o meu bem, como diz Romanos 8:28, pois elas me fizeram pensar ainda mais no Deus de Israel.

No ano seguinte, transferi meu curso para a Universidade de Buffalo, onde minha jornada espiritual se intensificou. Eu queria experimentar qualquer coisa que me conduzisse a introspecções mais profundas e, por fim, a Deus. Havia um evangelista (naquela época, eu não fazia ideia sequer do que esta palavra significava) que visitava regularmente o alojamento de minha namorada no campus. Ele era tão feliz e repleto de paz! Ele nos falava sobre Deus e *Yeshua* e sempre perguntava às pessoas se elas sabiam para onde iriam quando morressem. Nós zombávamos dele e dizíamos coisas como: — Não queremos ir a lugar algum; queremos ir à terra do nunca para não envelhecer nem morrer. — A pergunta dele, entretanto, me fez pensar.

Decidi visitar grupos espirituais onde pudesse meditar, sentir cheiro de incenso e buscar a Deus. Certa vez, lembro-me de comparecer a um encontro *Hare Krishna* pensando que o nome do grupo era uma homenagem a Harry Krischner, um empresário judeu bem-sucedido. Achei que a reunião poderia ser boa, uma vez que Harry Krischner era um homem próspero e multidões de alunos judeus participavam. No fim, não encontrei Deus nem o empresário judeu bem-sucedido ali.

ENCONTRO COM O MESSIAS

Em 1972, enquanto atravessava o país de Nova York à Califórnia, fiz uma parada no Tabernáculo Mórmon e assisti a um filme sobre Joseph Smith. Não acreditava que ele fosse o Messias, mas comentei com a pessoa que estava comigo: — Toda religião tem seu Messias. Para os cristãos, é Jesus. Então talvez *Yeshua* seja *um* Messias, *um* Cordeiro de Deus.

A Torá diz, no Livro de Êxodo: "Digam a toda a comunidade de Israel que no décimo dia deste mês todo homem deverá separar um cordeiro ou um cabrito, para a sua família, um para cada casa" (Êxodo 12:3). Naquele momento, o Mestre tornou-se para mim um messias, um cordeiro de Deus.

Passei o período de 1974 a 1993 atuando como optometrista, especializado em crianças e esportistas. Em 1976, abri um consultório em Pembroke Pines, Flórida. Eu tinha um amigo, o qual chamarei de Jim, que exercia uma profissão relacionada. Nós costumávamos recomendar pacientes um ao outro. Quando conheci Jim e sua esposa, Diane, tive a sensação de que eram especiais. A vida deles tinha a presença constante de *Yeshua* e o reconheciam em tudo o que faziam. Havia algo diferente neles, e eu queria saber o que era. O casal me contou que havia sido criado no catolicismo, mas que passara a conhecer o Messias de verdade somente depois. Nada do que diziam fazia sentido para mim, mas, por causa deles, desejei dar prosseguimento à minha busca por Deus.

Após algum tempo de relacionamento profissional, Jim e Diane me apresentaram a outro casal, com quem fizemos uma amizade maravilhosa. Ele havia nascido no judaísmo; ela, não. Porém, eles viviam uma vida com *Yeshua*. Eles se comunicavam com *Yeshua* todos os dias por meio de oração, e, anos depois, descobri que oravam por uma lista de amigos judeus que precisavam conhecer o Messias. Meu nome estava na lista, e eles oraram por mim diariamente durante anos.

Certa noite, em 1978, Jim e Diane me convidaram para jantar em sua casa. Tivemos ótimas conversas e uma refeição deliciosa. Falamos um pouco sobre negócios, mas a maior parte das discussões foi sobre *Yeshua*, o Mestre. Após o jantar, eu estava sentado no sofá na sala de estar, e eles lavavam a louça. Enquanto conversávamos, algo sobrenatural aconteceu. Do nada, uma sensação forte e calorosa de amor, paz, segurança e conforto extremo invadiu meu ser. Nunca havia me sentido daquele jeito antes. Foi uma experiência tão singular, que me levantei do sofá onde estava sentado e falei: — Vocês estão certos! *Yeshua* é o Messias!

Jim e Diane olharam de um jeito estranho para mim; afinal, não viram nem sentiram o que eu havia experimentado. Por que eu estava dizendo que *Yeshua* era o Messias?

Naquele momento, outra passagem da Torá tornou-se realidade para mim: "Se uma família for pequena demais para um animal inteiro, deve dividi-lo com seu vizinho mais próximo, conforme o número de pessoas e conforme o que cada um puder comer" (Êxodo 12:4). *Yeshua* tornou-se o Cordeiro Pascal para mim – o Messias. Contudo, isso vinha apenas do meu intelecto, não do meu espírito.

Minhas novas amizades me inspiraram novamente a continuar minha busca por Deus. Queria conhecê-lo. Acreditava que *Yeshua* era o Messias, mas não sabia que diferença isso deveria fazer em minha vida. Comecei a ler livros sobre alienígenas (*Um estranho numa terra estranha*, de Robert Heinlein), sobre pessoas que supostamente regressaram da morte e sobre os mistérios da vida, tais como o Triângulo das Bermudas, a Área 51, o Stonehenge, as pirâmides egípcias, as Moai na Ilha de Páscoa, as linhas de Nazca no Peru, Atlântida e outras civilizações misteriosas. Um dos meus livros preferidos foi *Eram os deuses astronautas?*, de Erich von Däniken.

Experimentei até mesmo os mantras orientais porque, segundo me disseram, eles nos aproximam de Deus e nos trazem bênçãos. Fazia parte de um time de boliche da *B'nai B'rith* e comecei a meditar em certas palavras cada vez que me levantava para jogar. Não funcionava! Eu também participava de um time de *softball* da *B'nai B'rith*. Nem antes nem durante os jogos eu entoava mantras, mas, mesmo assim, me saía melhor do que no boliche!

Durante os anos seguintes, enquanto prosseguia em minha busca por Deus, eu dizia às pessoas que acreditava em *Yeshua* como Messias, mas que não o considerava o meu Messias. Eu era presidente da *B'nai B'rith* local e presidente eleito de minha associação de optometristas na região. Além disso, eu estava politicamente envolvido no condado de *Broward*. Minha vida era agitada. Então, em dezembro de 1981, uma bela moça judia, jovem e ruiva trouxe seu filho de 12 anos ao meu consultório para um exame de vista. Imediatamente, nós dois soubemos que havíamos encontrado o amor de nossas vidas. Já no primeiro encontro, falei àquela mulher maravilhosa que eu acreditava em *Yeshua* como Messias. Como estávamos apaixonados, ela não se importou com o que eu disse!

Nós nos casamos sete meses depois, em 10 de julho de 1982. Cerca de cem pessoas compareceram ao nosso condomínio, situado em Plantation, Flórida. Foram belos momentos de comunhão e comida deliciosa, os quais foram inclusive noticiados no jornal local. No entanto, durante a cerimônia, algo sobrenatural aconteceu. O rabino estava realizando o casamento, e nós estávamos cobertos pelo meu *talit*, como se faz tradicionalmente nos casamentos judaicos. Enquanto recitávamos os votos e as orações hebraicas, o céu iluminou-se com raios e houve um estrondoso trovão. Estávamos na Flórida, onde tempestades são bastante comuns, mas só houve raio e trovão naquele momento especial da cerimônia. O céu estava aberto e o tempo estava lindo. Acreditamos que Deus estava abençoando nosso casamento e, depois, testemunhamos um milagre pessoal verdadeiramente sobrenatural naquela mesma noite, o qual provavelmente se tornou a pedra angular de nossa jornada espiritual, bem como o sinal de que *Yeshua* estava mesmo conosco!

REVELAÇÃO DO CORDEIRO

Casados e felizes, eu e minha esposa gostávamos de estar na companhia um do outro. Ambos estávamos bastante envolvidos na comunidade, tanto no âmbito social quanto político. Porém, nenhuma de nossas atividades nos levava para mais perto de Deus.

Eu e minha esposa frequentávamos um templo e apreciávamos nossa participação na comunidade religiosa. Certo dia, porém, decidimos perguntar ao rabino como poderíamos conhecer Deus. Ele respondeu: — Continuem vindo aos sermões porque falarei sobre ele uma ou duas vezes este ano. — Isto não bastou para nós. Fomos de sinagoga em sinagoga, de denominação em denominação, buscando o Espírito de Deus. Nós amávamos o judaísmo, amávamos a vida no judaísmo, amávamos celebrar as tradições judaicas e amávamos o povo judeu. Mas nós queríamos mais. Nós queríamos conhecer Deus!

Em 1985, fomos à cerimônia de apresentação de um bebê em determinada igreja. Nós já tínhamos visitado aquela igreja antes, mas, dessa vez, quando entramos no templo, o Espírito de Deus caiu sobre nós de uma forma magnífica e sobrenatural no mesmo instante. Durante duas horas e meia, choramos sem parar. Ambos ouvimos a voz de Deus falar ao nosso espírito, exatamente com as mesmas palavras: — Eu sou Deus. Jesus [o Mestre] é meu Filho. A Bíblia é verdadeira. Vem e segue-me. — Enquanto chorávamos, minha esposa perguntou: — Como vou contar à minha mãe? — Nesse instante, outra passagem da Torá tornou-se uma realidade para mim: "O animal escolhido será macho de um ano, sem defeito, e pode ser cordeiro ou cabrito" (Êxodo 12:5). Naquele momento, *Yeshua* tornou-se *meu* Cordeiro, *meu* Messias!

Durante anos, eu havia procurado Deus. Eu não desejava apenas saber a seu respeito; eu queria conhecê-lo intimamente, mas me perguntava se isso era sequer possível. Será que a humanidade poderia, algum dia, conhecer os pensamentos íntimos de Deus? Será que ele era o melhor Pai de toda a criação? Será que ele me amaria, e será que eu era capaz de amá-lo?

Meu pai foi um homem maravilhoso. Um ótimo pai, marido, amigo, patrão e líder. Aonde quer que fosse, era conhecido e amado. Contudo, era apenas um ser humano. O Pai de toda a criação nos ama eternamente. Mesmo quando pecamos e precisamos nos arrepender, seu amor nunca oscila!

Conforme eu e minha esposa passamos a conhecer *Yeshua* e estudar a Palavra de Deus, recebemos a plenitude de seu *Ruach HaKodesh* – seu Espírito Santo. Nós desenvolvemos intimidade com ele e nossas perguntas começaram a ser respondidas.

NOSSA VIDA VIROU DE CABEÇA PARA BAIXO

Ter o Messias no coração ocasionou uma importante mudança em nossa vida. Minha esposa passou a usar seu nome hebraico, לחר, soletrado *Racquel*, pelos últimos 25 anos. Nós não estávamos preparados para uma mudança nem a desejávamos. Nossa vida era boa. Estávamos apaixonados e desfrutando de um excelente casamento havia mais de três anos. Éramos ambos profissionais de sucesso, estávamos envolvidos na comunidade profissional, política e socialmente e queríamos a *kesher* – a conexão – com aquele que criou tudo o que existe.

No entanto, de repente, nossa vida virou de cabeça para baixo. Nós estudávamos cada vez mais a Palavra de Deus. Em vez de ler todos os livros que supostamente explicam os mistérios não desvendados da vida, decidimos ler e estudar o best-seller número um de de todos os tempos: a Bíblia. De Gênesis (*Bereishit*) ao Apocalipse! Além de ler a Palavra, estudei comentários rabínicos e cristãos e mergulhei em muitos escritos judaicos da antiguidade. Foram os escritos judaicos que ajudaram a solidificar minha crença em *Yeshua*, o Mestre, pois me convenceram ainda mais de que ele é o verdadeiro Messias, aquele por quem Israel tem procurado.

Nossa vida virou de cabeça para baixo porque nosso foco mudou. Com frequência, verificávamos nossas crenças para ter certeza de que não estávamos apenas hipnotizados e acreditando em algumas ideias ridículas de seita. Éramos rodeados por muitos bons amigos e conhecidos profissionais e, felizmente, tínhamos uma ótima família. Além disso, éramos admirados e respeitados. Porém, descobrimos rapidamente que nossos amigos e familiares nos apoiariam em qualquer coisa, exceto uma. Essa única coisa fez com que deixássemos de ser pessoas amadas e queridas e nos transformássemos em "leprosos". Um rabino, amigo de anos, ouviu falar de minha nova fé e decidiu escrever-me uma carta para dizer que eu havia sido "ludibriado". Ele me proibiu de voltar ao templo até que estivesse pronto para admitir que estava enganado e pedir perdão.

Fiquei estupefato! Pensei que se ele acreditasse que eu estava fazendo algo tão terrível, desejaria me aconselhar e me ajudar a retornar para o caminho correto. Ele não se ofereceu para restaurar um desviado; o que aconteceu foi rejeição total. Eu sabia que tal comportamento não era nada parecido com o do Mestre. *Yeshua* teria me mostrado, com amor, onde eu havia errado e continuaria falando comigo até que eu ouvisse sua voz ou resolvesse rejeitar sua Palavra de vez. Todavia, em meu círculo de amigos e familiares, nenhum crime ou mudança de vida isolaria mais alguém do que seguir *Yeshua*. Os religiosos "rasgariam suas vestes" e aranteariam pelos filhos caso estes decidissem seguir o Mestre.

Citando um verso de Bob Dylan: quantas estradas precisaremos percorrer para crer? Só existe uma estrada que conduz à verdade. É a estrada para conhecer *Adon Olam* (אדון עולם), o eterno Senhor, por meio do conhecimento de seu Messias, *Yeshua*.

Parte do processo de ter a vida virada de cabeça para baixo foi encontrar um novo lugar para cultuar. Visitamos uma igreja durante um breve período, mas a cultura era extremamente diferente das sinagogas judaicas que costumávamos frequentar. Nós agora acreditávamos no Messias judeu. *Yeshua* era judeu e cumpria a Torá com perfeição. Isso significa que ele tinha de usar um *talit* ou *talit gadol* (*talit* grande) todos os dias de sua vida, e sabemos que ele o fazia porque cumpria todos os mandamentos. Ele nasceu como judeu, viveu como judeu e morreu como judeu. Sua mãe, Miriam (Maria), deu-lhe um nome judaico, *Yeshua* (Jesus), que significa "salvação".

Naquela igreja, três coisas aconteceram que nos deixaram desconfortáveis. Primeiro, o pastor nos disse que se, por fé, entregássemos todas as folhas de cheque que tínhamos, receberíamos uma bênção incrível. Ora, sou um empresário e desejo fazer bons investimentos. Se aquilo fosse o que *Yeshua* estivesse me mandando fazer, eu acreditaria. No entanto, a ideia de crer em *Yeshua* era-me ainda tão estranha, que decidi experimentar para ver o que aconteceria.

Bem, as coisas não correram exatamente do jeito que o pastor falou. Precisei ter uma longa conversa com o gerente do banco, o qual me ligou para dizer que não havia fundos em minha conta para cobrir alguns cheques. Graças a Deus, pude correr até lá e pagar a diferença para não ser penalizado! O interessante é que, apesar de todo o conceito de fé ainda ser estranho para mim, minha experiência de conhecer *Yeshua* foi tão intensa, que eu realmente cria e estava disposto a fazer tudo o que ele mandasse.

A segunda experiência desconfortável foi em um café da manhã para homens do qual participei após visitar a igreja por algumas semanas. Sentei-me à mesa e não tive problema algum em falar com todos os homens sobre minha nova vida com *Yeshua*.

Comparei a nova existência espiritual ao filme *Alguém lá em cima gosta de mim*, estrelado por George Burns e John Denver. Enquanto o subgerente de um supermercado (John Denver) está fazendo seu trabalho, um senhor bondoso (George Burns) surge como o Deus todo-poderoso e o escolhe para ser seu mensageiro ao mundo moderno. Para mim, esta foi uma grande comparação àquilo que Deus havia feito em nossa vida. Contudo, antes mesmo de eu terminar meu testemunho, alguns homens à mesa me interromperam e disseram que eu não deveria ir ao cinema porque, segundo a Palavra de Deus, não era certo. Eu não tive oportunidade para continuar falando sobre o que Deus havia feito em nossa vida. Assim, quando cheguei em casa, falei à minha esposa que eu achava que não deveríamos mais frequentar aquela igreja porque a cultura era muito diferente da nossa. Ela concordou completamente comigo.

A terceira situação desconfortável foi que o café da manhã dos homens aconteceu em um sábado. Eu não me sentia bem comparecendo a uma instituição religiosa no sábado. Eu achava que, se fosse para comparecer a uma reunião religiosa no sábado, deveria ser em uma sinagoga. Mais uma vez, não é que haja algo errado em estar na igreja, mas isso era estranho à minha cultura. Ninguém estava usando *talit*, e, para piorar, serviram presunto e ovos. Pensei que, se eu fosse seguir *Yeshua*, então deveria seguir a Palavra que ele escreveu. No fim das contas, acabei não tomando o café da manhã e voltando para casa faminto. Mesmo assim, tive certeza de que fizera a vontade de *Yeshua*.

VOLTA AO LAR

Cerca de um mês depois, em janeiro de 1986, eu e Racquel decidimos visitar o templo Aron HaKodesh (TAK) em Fort

Lauderdale. Nós nos sentimos muito deslocados na igreja que estivéramos visitando, mas, assim que cruzamos a porta do TAK, foi como se as paredes nos agarrassem, e o Espírito de Deus dissesse: "Vocês estão em casa". Foi uma sensação extremamente maravilhosa. Havia homens e mulheres de todas as idades, tanto dos Estados Unidos quanto de Israel e muitas outras nações, todos cantando, dançando e regozijando em Deus por meio de *Yeshua*. Além do mais, os homens estavam usando *talitot*, assim como o Mestre!

Fomos recebidos por uma sobrevivente do Holocausto e seu marido e, depois, acolhidos por outros membros com grande emoção e alegria. Eles tinham um rabino, um rabino-assistente e um líder de louvor – todos usavam *talitot*. Havia uma arca com a Torá dentro, uma bandeira norte-americana e uma bandeira israelita sobre a *bimá* – uma plataforma elevada na sinagoga que contém a arca, a Torá e a mesa de leitura utilizada durante os cânticos ou a leitura de porções da Torá e dos Profetas.

Eu já havia visitado um TAK em outras duas ocasiões, uma em 1978 e outra em 1980, antes de crer em *Yeshua*. Esta visita, entretanto, foi diferente. O Deus todo-poderoso, o Mestre, o *Ruach HaKodesh* [Espírito Santo], todos como parte do único Deus verdadeiro – o *Echad* [Um] no *Shemá* – vieram nos abraçar e nos receber em casa! Finalmente as coisas começaram a parecer "certas"!

Eu e Racquel começamos a frequentar o TAK com regularidade. As coisas eram diferentes do judaísmo não messiânico; não obstante, proporcionavam-nos uma experiência maravilhosa. Foi ali que aprendemos a adorar a Deus, a orar pelas pessoas e a experimentar a presença maravilhosa do Deus Altíssimo.

Percebemos que havíamos observado certos rituais sem realmente entender o que fazíamos. Isso é comum no judaísmo. A pessoa executa os rituais exigidos e, depois, aprende o porquê.

Por exemplo, eu nunca realmente soube o significado do *talit*, mas usava-o porque tinha de usar. A bem da verdade, eu nunca sequer sonhara com todos os tesouros espirituais que poderia receber dele, os quais compartilhei com você neste livro. Acima de tudo, aprendi que o Messias de Israel usava o *talit* todo dia e cheguei à constatação de que todos os que creem em *Yeshua* e desejam usar o *talit* podem fazê-lo, contanto que entendam e respeitem sua santidade, quer tenham nascido judeus ou não.

Sabíamos que era necessário passar pelo *mikvê* (ritual judaico de imersão na água) e, para tanto, fomos instruídos a levar roupa de banho e uma camiseta. Lembre-se de que havíamos conhecido o Mestre apenas três meses antes. Conforme nosso costume, fomos de biquíni e sunga, e eu estava com uma camiseta que trouxera da lua de mel com os dizeres: "Amar no Havaí é *lei*"! Desnecessário dizer que os líderes riram demais de nossa inocência espiritual e religiosa!

O rabino-assistente começou a nos discipular semanalmente. Quando nos perguntou o que Deus estava pedindo que fizéssemos para servi-lo, escrevemos uma lista de uma página inteira. Ele respondeu dizendo que deveríamos descobrir sua prioridade para nós. Em pouco tempo, Deus começou a delimitar nosso foco. Após estudar as raízes judaicas do Mestre incansavelmente, em seis meses eu já estava dirigindo um estudo semanal em minha casa. Deu muito certo, e cerca de 90 solteiros passaram a comparecer. Como consequência, os rabinos ficaram empolgados e "promoveram" (ou escolheram) a mim e minha esposa como líderes dos solteiros na sinagoga.

A experiência de "promoção" foi bem interessante. Os rabinos disseram que eu deveria convidar minha mãe, que morava na cidade vizinha, para o culto de sexta-feira à noite para assistir à "cerimônia". Eu e Racquel não fazíamos ideia do que isso significava, mas sabíamos que era algo bom.

No meio do culto da *Erev Shabbat* [noite de sábado], fomos chamados à *bimá* para que os rabinos e anciãos "impusessem as mãos" sobre nós, isto é, orassem por nós e nos ungissem para liderar o ministério de solteiros, assim como Moisés e Arão fizeram com aqueles que haviam sido escolhidos como líderes na Torá. Belas orações e palavras proféticas de sabedoria foram proferidas. Tudo aquilo era novo para nós, mas entendemos que palavras de sabedoria eram mensagens de instrução recebidas de Deus espiritualmente por meio de *Ruach Hakodesh*, ou Espírito Santo. Quando eu e Racquel nos sentamos ao lado de minha mãe, ela falou: "Foi muito bonito. Que horas vão promovê-los?" Respondemos: "Acho que acabou de acontecer!"

Fico feliz por minha mãe também ter conhecido *Yeshua* como Messias e passado muitos anos crescendo em intimidade com ele antes de morrer.

DE MÉDICO A RABINO

Logo percebi que estava passando cada vez mais tempo estudando, ensinando e servindo no templo do que exercendo minha profissão. Quando surgia a oportunidade, eu contava aos meus pacientes sobre os tesouros espirituais que estava encontrando em *Hashem*, mas meu coração estava sendo atraído mais e mais ao ministério. O trabalho com os solteiros estava crescendo, e eu e Racquel estávamos nos dedicando muito a aconselhamento e discipulado.

Com o tempo, o rabino separou para mim um pequeno escritório no templo. Ficou claro que meu coração já não estava mais voltado para a área da optometria. Senti o chamado para tornar-me um rabino messiânico. No início, não contei a ninguém, mas, quando mencionei a ideia para Racquel, ela concordou completamente comigo. Sem demora, comecei a trabalhar apenas meio período como médico e me voluntariei cada vez mais no templo.

Essa decisão impactou muito nossas finanças porque eu atendia pouquíssimos pacientes. Uma situação muito embaraçosa aconteceu durante essa época. Alguém que conhecia minha situação financeira apresentou meu nome a uma igreja que dava um peru e caixas de alimentos a famílias carentes no dia de Ação de Graças. Naquele ano, os voluntários chegaram à portaria do condomínio onde eu morava e pediram ao guarda – que havia comparecido ao nosso casamento – para falar com o Dr. Kluge. Quando a campainha tocou, senti-me abençoado, mas terrivelmente humilhado. Agradeço a Deus por sua fidelidade! A comida foi uma bênção de boas-vindas.

Após uma época de duras dificuldades, Deus começou a nos abençoar. Oportunidades surgiram, e eu consegui atender mais pacientes em meio período. A transição de médico a rabino me ensinou a depender de nosso Deus Altíssimo! Ele não somente nos ajudou financeiramente, como também abriu portas para ministrarmos. Ele nos deu a oportunidade de orar com um vizinho que sofria de uma doença terminal, o qual estivera rejeitando orações porque as pessoas que o visitavam pareciam estar interessadas somente em tirá-lo do judaísmo. *Hashem* abriu-nos uma porta imensa para ministrar àquele homem, que recebeu *Yeshua* em seu coração poucos dias antes de morrer. Deus também nos deu a oportunidade de falar às pessoas sobre o Mestre no programa de televisão de um amigo, e, com o tempo, começamos a viajar para palestrar em conferências.

Em 1989, fui ordenado rabino messiânico após alguns anos fazendo a transição de médico em tempo integral para voluntário no ministério em tempo integral. Um dia, durante uma reunião semanal da liderança, discutimos a necessidade de um estudo bíblico na região de West Palm Beach. Os líderes do templo sabiam que Deus havia reservado alguém para a função, mas não conseguiam discernir quem era. Depois de orar e conversar, percebemos que esse alguém era eu! Era minha vez de ir para a região de West Palm Beach e iniciar um estudo bíblico ali.

Quando eu e minha esposa fomos chamados à frente a fim de ser ungidos com imposição de mãos para liderar o estudo bíblico, os outros três rabinos que estavam orando por nós fizeram várias referências a uma nova congregação. Mais tarde, perguntei a eles por que estavam mencionando uma nova congregação, sendo que lideraríamos um mero grupo de estudos. Todos concordamos que *Ruach HaKodesh* estava falando por intermédio daqueles homens, e, assim, a visão de uma nova sinagoga foi concebida! Após 14 meses de preparação, em janeiro de 1991, fomos "enviados" com oração, jejum e a bênção dos líderes do TAK para fundar uma nova sinagoga.

Em 14 de fevereiro de 1991, Melech Israel nasceu. O nome foi logo alterado para Melech Yisrael. Durante os dois anos seguintes, eu me dediquei ao ministério em tempo integral e aos pacientes em meio período nas regiões de West Palm Beach e Fort Lauderdale. Nós nos mudamos de Boca Raton para Palm Beach Gardens em 1991 e, em 1993, eu abandonei a medicina para me concentrar na única coisa a que *Yeshua* estava me chamando: o ministério como rabino messiânico.

Todos nós estamos buscando o sentido da vida! Lá dentro, no fundo do nosso coração (nosso *kishkes*), todos desejamos conhecer nosso propósito. E ele só pode ser revelado em uma jornada espiritual. O *Shemá* e o *talit* foram apenas o começo para que eu entendesse que precisava de *Hashem*; a plenitude de meu relacionamento com ele veio do Mestre, e continuei a crescer nele ao andar em sua companhia e estudar sua palavra.

À medida que vamos descobrindo outros tesouros que *Hashem* nos permite encontrar, seu propósito para nós começa a vir à tona. Por acaso eu havia imaginado que, aos 36 anos de idade, deixaria de ajudar pessoas a enxergar fisicamente e passaria a ajudá-las a enxergar espiritualmente? A resposta é um retumbante "não"! No entanto, se procurar conhecer Deus, você o encontrará, e ele deixará o propósito de sua vida transparente como cristal.

Cada um de nós procura descobrir os tesouros ocultos da vida. Talvez não tenhamos percebido ainda, mas *Hashem* nos programou para encontrar o caminho de volta a ele. Seu caminho é reto e estreito, e, como diz a Escritura, existe apenas um caminho. Caso deseje explorar esse caminho, peça a Deus que o revele a você.

Se quiser conhecer *Yeshua* como Messias, simplesmente fale com Deus:

> *Abba Pai, se tu fores aquele que a humanidade tem procurado desde a criação, e se o único caminho verdadeiro para me conectar contigo for por meio de* Yeshua *(Jesus), o Messias do povo judeu e das nações, eu gostaria de pedir-te que entres em meu coração para que te reveles a mim em espírito e verdade. Se fores realmente o caminho, quero conhecê-lo e segui-lo. Amém.*

A fim de crescer no conhecimento da Palavra de Deus e do plano de *Yeshua* para sua vida, eu o encorajo a encontrar uma igreja que creia na Bíblia ou uma congregação messiânica. Você também pode encontrar alguns recursos para o início de sua jornada com *Yeshua* em meu site: www.gesherinternational.com.

Que a paz de Deus esteja com você em nome de *Yeshua*.

Glossário

Abba – papai
Adon Olam – Senhor eterno
Adonai – Deus Altíssimo
Adonai-Nissi – Deus é minha bandeira
Adonai Rofecha – o Senhor que cura
Adonai-Tzva'ot – Senhor dos Exércitos
afikomen – matzá sem fermento dividida em dois no começo do sêder da Páscoa, separada para consumo como sobremesa, após a refeição
amein – amém, assim seja
Atara – colarinho bordado no *talit* que contém a bênção recitada quando é colocado sobre os ombros

Bamidbar – Números
bar-mitzvá – cerimônia judaica quando um menino atinge a idade de treze anos, que assinala a aceitação de seu dever e responsabilidade religiosos
Baruch Atah – "Bem-aventurado", uma expressão geralmente proferida no início das orações judaicas
basar echad – unicidade, uma só carne
bat-mitzvá – cerimônia judaica quando uma menina atinge a idade mínima de 12 anos, que assinala a aceitação de seu dever e responsabilidade religiosos
Beelzebul – Satanás
Ben Elohim – Filho de Deus

Bereishit – Gênesis
bimá – plataforma elevada na sinagoga que contém a arca, a Torá e a mesa de leitura utilizada durante os cânticos ou declamações de passagens da Torá e dos livros dos Profetas
bitachon – confiança
Bnei Yisrael – filhos de Israel
bris (também chamado de *brit milá*) – circuncisão, realizada oito dias após o nascimento de um judeu
B'rit Chadashá – Novo Testamento

chen – favor
cheruv/cheruvim – querubim/querubins, seres angélicos
chilul Hashem – profanar o nome de Deus
chupá – cobertura formada ao se colocar *talitot* sobre colunas, frequentemente utilizada em casamentos judaicos

dayenu – é suficiente
d'rash – sermão

echad – um, especialmente a unicidade de Deus Pai, Deus Filho e Deus Espírito Santo
El Elyon – Deus Altíssimo
El Shaddai – Deus Todo-Poderoso
Eloheinu – nosso Deus
emuná – fé
Erev Shavuot – noite de *Shavuot*, que é a Festa das Semanas (veja também *Shavuot*)
Etz Chayim – árvore da vida
Etz haDaat tov V'ra – árvore do conhecimento do bem e do mal
Gan Eden – jardim do Éden
genizah – parte do cemitério judaico reservada para enterrar livros sagrados desgastados pelo uso, incluindo a Torá, ou documentos que contenham o nome sagrado de Deus, *YHVH* ou *Adonai*

gesher – ponte
gesher shalom – ponte de paz
goel – parente remidor

Haftará – uma série de seleções dos livros de *Nevi'im* (os livros dos Profetas) no Antigo Testamento (*Tanach*), lida publicamente em congregações judaicas
halachá – a forma rabínica, ou "o corpo da lei judaica que completa a lei bíblica e forma a parte legal do Talmude"[1]
HaMakom – o lugar
HaMashiach – o Messias
Hamelech – Rei
hasatan – o diabo
Hashem – Deus, o Nome

Ivrit – um hebreu ou "atravessador de fronteiras"

kadima – avante
kal va-chomer – processo lógico de raciocínio dedutivo na hermenêutica talmúdica que parte do simples ao complexo e/ou do complexo ao simples
kanaph (ou *kanaphecha*) – "asas" ou franjas do *talit*
kavaná – "com intenção, do fundo do coração" em iídiche
kavod – glória de Deus
kesher – "conexão" em iídiche
kishkes – "profundezas" em iídiche
K'lal Yisrael – "todo o Israel" em iídiche
Kodesh HaKodashim – Santo dos Santos, o santuário interno do antigo templo judaico
kohanim – sacerdotes
kohen – sacerdote
Kol Hashem – a voz de Deus

Kol Nidre – culto vespertino na véspera do *Yom Kippur* (Dia da Expiação)

Lech-Lecha – ir ou sair

Mashiach – Messias
mikvê – ritual judaico de imersão na água
Mishikeinu – nosso Messias
mishpocha – família
Mitzrayim – Egito
mitzvoth – mandamentos
mohel – pessoa que executa a circuncisão
Moshe Rabbeinu – Moisés, nosso Mestre

na'aseh v'nishma – fazer e obedecer
nidá – estado de impureza, como a mulher com hemorragia em Marcos 5:21-43

Pessach – Páscoa

quésede – benignidade ou graça
quipá – *yarmulke*, pequeno barrete redondo usado por homens para cobrir a cabeça

Rabbeinu – nosso Mestre
Rabbi Shaul – apóstolo Paulo
Ruach Elohim – Espírito de Deus
Ruach HaKodesh – Espírito Santo

sandek – padrinho, ou quem que segura a criança no colo durante as bênçãos da circuncisão
sêder – culto e jantar cerimonial judaico realizado na primeira noite (ou nas duas primeiras noites) da Páscoa

selá – pausa no tempo

Shabbat – o sábado judaico, que começa ao pôr do sol da sexta-feira e termina ao pôr do sol do sábado

Shaddai – o Todo-poderoso

shalom – paz

shamash – um fio da *tsitsit* mais longo do que os outros, que é enrolado em torno dos demais e usado para atar nós

Shavuot – a Festa das Semanas (também conhecida como Pentecostes), um feriado judaico celebrado no sexto dia do mês hebraico de *Sivan*, que cai entre 14 de maio e 15 de junho. Ela comemora a importante colheita de trigo em Israel mencionada em Êxodo 34:22 e o aniversário do dia em que Deus deu a Torá para toda a nação de Israel reunida no monte Sinai

Shekiná – presença de Deus

Shemá – oração diária mais antiga do judaísmo, baseada em Deuteronômio 6:4-9; 11:13-21; e Números 15:37-41, recitada de manhã e à noite deste a antiguidade

shlichim – apóstolos

shofar – uma trombeta feita de chifre de carneiro, tocada pelos antigos hebreus nas batalhas e nos rituais religiosos, e usada no judaísmo moderno especialmente durante o *Rosh Hashaná* e ao final do *Yom Kippur*[2]

sukkah – abrigo

talit – manto de oração judaico; a forma plural é *talitot*

talit gadol – *talit* grande

talit katan – *talit* pequeno, muitas vezes usado por homens sob a camisa com a *tsitsit* (franja) pendurada para fora

talmidim – discípulos

Tanach – Antigo Testamento

tefillin – filactérios ou caixas da Escritura

tekhelet – corante azul derivado de um raro caracol, utilizado em vestes reais, no tabernáculo e nas franjas do *talit*

Torá – primeiros cinco livros do Antigo Testamento, escritos por Moisés
tsitsit – franjas do *talit*
tza'arat – lepra

yachad – unidade
yarmulke – pequeno barrete redondo usado por homens para cobrir a cabeça
yedid nefesh – amado
Yeshua – Jesus
Yeshua HaMashiach – Jesus, o Messias
Yeshua *Mishikeinu* – Jesus, nosso Messias
Yeshua Rabbeinu – Jesus, nosso Mestre
yetzer hara – inclinação para o mal
yetzer hatov – inclinação para o bem
YHVH – o nome sagrado de Deus
Yoel haNavi – profeta Joel
Yom Kippur – Dia da Expiação, o dia mais sagrado no ano judaico. Todo o trabalho é suspenso, e os participantes jejuam por 25 horas, começando antes do pôr do sol do dia anterior ao Yom Kippur e terminando após o anoitecer no dia do Yom Kippur. É um momento em que "afligimos a alma" e reparamos os pecados cometidos e as promessas não cumpridas em relação a Deus e uns aos outros.

Notas

Capítulo 1
Mistério do *Talit*

[1] *Merriam-Webster Online*, s.v. "halacha". Disponível em: http://merriam-webster.com/dictionary/halacha. Acesso em 21 de julho de 2016.
[2] "The Tzitzit/Fringe". *Tallit-Prayer Shawl*. Disponível em: http://www.tallit-prayershawl.com/articles-about-tallit/the-tzitzit-fringe/. Acesso em 20 de maio de 2016.
[3] Ibid.

Capítulo 2
Ouvindo Deus sob o *Talit*

[1] Lewis, Tiffany Ann. "Desperate for Jesus". *Identity Network*. Disponível em: http://www.identitynetwork.net/Articles-and-Prophetic-Words?blogid=2093&view=post&articleid=76437&fldKeywords=&fldAuthor=&fldTopic= . Acesso em 27 de julho de 2016.
[2] Embora as Bíblias incluam o Livro de Tiago, o nome hebraico exato é *Jacó*. O nome foi corrompido ao ser passado do hebraico para o grego, do grego para o latim e do latim para o nosso idioma, transformando-se em *Tiago*. Contudo, nos últimos anos, houve solicitações para que se restaure o nome exato do autor do livro. Por este motivo, ao longo deste volume, eu utilizo o nome Jacó e, entre colchetes, Tiago. Para obter mais informações sobre o assunto, consulte: Brown, Michael. "Recovering the Lost Letter of Jacob". *Charisma News*, 11 de março de 2013. Disponível em:

http://www.charismanews.com/opinion/38591-recovering-the-lost-letter-of-jacob. Acesso em 20 de maio de 2016.

CAPÍTULO 3

PRESENÇA E PROTEÇÃO DE DEUS

[1] Watchman Nee. *Spiritual Authority*. Nova York: Christian Fellowship Publishers, 1972, p. 10.

[2] "Navigating the Bible: Deuteronomy Chapter 10". *World ORT*. Disponível em: http://bible.ort.org/books/pentd2.asp?ACTION=displaypage&BOOK=5&CHAPTER=10. Acesso em 20 de maio de 2016.

CAPÍTULO 4

YESHUA E O *TALIT*: CURA EM SUAS ASAS

[1] Kotlatch, Alfred J. *The Second Jewish Book of Why*. Middle Village, NY: Jonathan David Publishers, 1988, p. 70.

CAPÍTULO 5

MITOS E CONCEPÇÕES ERRADAS SOBRE O *TALIT*

[1] Birnbaum, Philip. *Encyclopedia of Jewish Concepts*. Brooklyn, NY: Hebrew Publishing Company, 1975, p. 244.

CAPÍTULO 6

JORNADA DE FÉ SOB O *TALIT*

[1] *Ushpizin*. Dir. Gidi Dar. Jerusalém, Israel: Gidi Dar e Rafi Bukai, 2004.

[2] Greenwood, Rebecca. "2010: A Year to Rise to New Levels of Faith". *The Elijah List*. 29 de dezembro de 2009. Disponível em: http://www.elijahlist.com/words/display_word/8341. Acesso em 27 de julho de 2016.

CAPÍTULO 7

TALIT COMO PONTE

[1] "Gesher Tzar Me'od — The World Is a Narrow Bridge". *ReformJudaism.org*. Disponível em: http://www.reformjudaism.org/

practice/prayers-blessings/gesher-tzar-meod-world-narrow-bridge. Acesso em 20 de maio de 2016.

[2] Missler, Chuck. "A Hidden Message: The Gospel in Genesis". *Koinonia House*. Disponível em: http://www.khouse.org/articles/1996/44/. Acesso em 3 de maio de 2016.

CAPÍTULO 8
PREPARAÇÃO PARA OS ÚLTIMOS DIAS

[1] Muravchik, Joshua. "How the UN Was Perverted into a Weapon against Israel". *New York Post*. 26 de julho de 2014. Disponível em: http://nypost.com/2014/07/26/how-the-united-nations-was-perverte-d-into-a-weapon-against-israel/. Acesso em 25 de maio de 2016.

[2] Bailey, Sarah Pulliam. "American Evangelicals' Support for Israel Is Waning, Reports Say". Religion News Service via *The Huffington Post*. 9 de abril de 2014. Disponível em: http://www.huffingtonpost.com/2014/04/09/american-evanglicals-israel_n_5118417.html. Acesso em 25 de maio de 2016.

[3] Labott, Elise. "John Kerry: Some Sanctions Relief Money for Iran Will Go to Terrorism". *CNN*. 21 de janeiro de 2016. Disponível em: http://www.cnn.com/2016/01/21/politics/john-kerry-money-iran--sanctions-terrorism. Acesso em 25 de maio de 2016.

[4] DANNER, Chas. "Report: ISIS Has Recruited as Many as 30,000 Foreigners in the Past Year". *New York Magazine*. Disponível em: http://nymag.com/daily/intelligencer/2015/09/isis-has-recruited-as--many-as-30000-foreigners.html. Acesso em 25 de maio de 2016.

[5] Slick, Matt. "Examples of Persecution of People Who Do Not Agree with Homosexuality". *Christian Apologetics and Research Ministry*. Disponível em: https://carm.org/homosexual-persecution-of-christians. Acesso em 25 de maio de 2016.

[6] Frangipane, Francis. "The Real Jesus Is Calling Us to Do the Impossible in the Middle of the Storm". *The Elijah List*. 26 de abril de 2007.

Disponível em: http://www.elijahlist.com/words/display_word/5226. Acesso em 27 de julho de 2016.

[7] Ibid.

GLOSSÁRIO

[1] *Merriam-Webster Online*, s.v. “halacha”.

[2] *Merriam-Webster Online*, s.v. “shofar”. Disponível em: http://merriamm-webster.com/dictionary/shofar. Acesso em 21 de julho de 2016.

Este livro foi impresso pela Edigráfica, em 2018, para a Renova.
O papel de miolo é avena 80 g/m², e o da capa é cartão 250 g/m².